JN198474

改訂版

九州地域学

宗像　優
末松　剛［編著］
大方優子

晃洋書房

はしがき

本書は，地域経済，地域産業，地域観光，地域政策，地域文化の５つの観点から，九州地域の発展に必要な視点や考え方など，地域研究の糸口をみつけることを意図して編集されたものである．旧版と同じく全13章から構成されるが，旧版の刊行から５年が経ち，６名の執筆者に交代がみられる．世代がかわることで新たな視点を提供できることを，編者として素直に喜びたい．

この５年間はただ時が経過しただけではない．新型コロナウイルス感染症（COVID-19）によるパンデミックは，社会全体に大きな停滞をもたらし，今なお影響を残している．とりわけ観光や地域文化の面において，５年という時間は断絶にも等しい苦難の期間であった．いまだ再起の目途が立たず，やむなく廃業・廃止されたニュースも仄聞する．

地域社会が再起の道を歩きはじめ，新しい取り組みが模索されるなかで，本書の改訂版が刊行される意味は決して小さくないであろう．九州地域において育まれ，現在を形づくる経済，産業，観光，政策，文化について，来し方とこれからを見据えた各章は，緻密な調査と実体験に基づく具体的な提案である．明日からでも取り組むことのできる身近なテーマが揃っている．

本書を手にした読者が，九州という地域の歴史と現状を，自分の視点で見つめ，これからを考えることができれば，編者としてこれに勝る喜びはない．目次の順に読む必要はなく，読者には興味に従ってどの章からでも読みはじめてほしい．

各章の概要は，以下の通りである．

第１章「九州の地理的特性」では，九州の位置と地形や気候など自然的特色を紹介したうえで，九州を構成する県と，主要都市の規模に触れ，それぞれが過去に栄光の時代を持つことを論じている．九州の経済規模は日本の「１割経済」と言われているが，農林水産業や半導体，自動車などが主要産業であること，そして九州は東アジアの主要都市と近いことを，その特性として指摘している．

第２章「地域の国際戦略と都市マーケティング」では，全国的に唱えられている「グローバル化」「国際化」政策について，福岡市の独自の取り組みを論じる．アジアの創造的知の蓄積と資産活用は，「国際都市・福岡」の名を世界に知らしめ，福岡市は九州の経済発展と文化活動を牽引する存在となった．そしてその発展型となる「ポスト国際戦略」の展開の可能性を，産学官連携による実践を通じて論じている．

第３章「九州の農業と多様な農産物ブランド」では，九州経済における農業の位置づけ，九州の農業の概要を整理し，多様な農産物ブランドの形成要因と，農産物ブランドのマーケティング戦略について考察する．九州の農業は九州経済の根幹を成し，関東・関西の都市部へ出荷する遠隔産地として成長してきた．産地間競争に伴い，多数の農産物ブランドが創出され，消費者に農産物ブランドを認識させる戦略的なマーケティング・ミックスの構築が重要であることを論じる．

第４章「九州地方の離島航路の現状と課題」では，九州地方における離島航路の現状を整理し，その課題について考察する．離島においては人口減少や少子高齢化が著しいことから，航路利用者が減少しており，離島航路は厳しい状況にある．そのなかで，航路運営事業者が撤退する事態も生じており，離島航路の維持・確保が大きな課題となっている．そのため航路経営の改善が必要であるが，それらの取り組みは島民に大きな影響を与えることもあることから，丁寧な説明や合意形成が極めて重要であることを実践的に論じる．

第５章「交流創造型地域づくりと旅行業」では，地域側に立脚する旅行業者を地域密着型旅行業と捉え，九州観光における旅行業の構造変化と交流創造の取り組みを考察する．地域密着型旅行業の取り組みは，地域の交流創造システムと見なすことができ，交流を生み出すシステム・仕組みを維持・強化していくためには，人材や財源が欠かせないことを論じる．

第６章「スモール・コミュニティビジネスによる観光まちづくり」では，近年，地域振興の一環として各地で取り組まれている「観光まちづくり」について，それがなぜ求められるようになったのか，その時代背景や社会情勢の変化をふまえて明らかにする．福岡県糸島市で取り組まれている観光まちづくりの事例を紹介し，空き家や海洋ゴミなど，身近な地域課題を対象とした観光まちづくりに発展していることを論じる．

第７章「アニメ聖地巡礼による地域振興」では，佐賀県唐津市を事例として取り上げ，アニメ聖地巡礼を活用した地域振興について紹介する．観光が地域振興に果たす役割の大きさに触れ，九州の資源面と立地面の優位性を維持活用するには，今後の観光スタイルの変化に対応しながら，様々な工夫を採り入れることで，その可能性がますます高まることを論じる．

第8章「九州地域における文化芸術政策の新たな展開」では，大分県別府市を拠点とするNPO法人BEPPUPROJECTのアートによるまちづくりの取り組みを軸に，地域における文化芸術政策を考察する．近年の文化芸術政策においては，芸術作品の創造，保存，鑑賞に限定せず，観光振興，地域活性化などへの活用が模索されているが，地域政策として継続的に取り組むためには，アートと地域を結合する中間支援の役割を担う組織の存在，多様な価値観を受け入れる地域性が要件であることを論じる．

第9章「ホームレス支援の現場に見る，新たな社会構想」では，日本のホームレス問題が1990年代以降どのような変遷を遂げたかを確認したうえで，そのようなホームレス問題の変遷に，九州地域の3団体がどのように取り組んできたのかを事例として紹介する．そして3団体で実践されている「伴走型支援」「つながりを重視したハウジングファースト」「雑誌売買を通じた仕事とつながりの創出」という支援のあり方が，新しい社会を構想していく礎となる可能性を秘めていることを論じる．

第10章「地方議会改革の現状と課題」では，地方議会改革の一環として制定されている議会基本条例の状況を整理し，その内容等を比較することで，地方議会改革の現状と課題について考察する．九州地域においては，半数以上の自治体で議会基本条例が制定されていること，名称は同じでも条例により内容等が異なり多様であることなどを確認したうえで，議会基本条例の制定は地方議会改革の出発点にすぎないことを論じる．

第11章「中世九州海域の倭と朝鮮」では，14～16世紀，東アジア諸国の沿岸で掠奪を繰り返していた倭寇について概観する．そして朝鮮政府が倭寇懐柔策の一環として，日本人通交者向けに指定港（浦所）を定め，様々な階層の人々を受け入れ交易を許可していたことをふまえ，浦所と倭館（使節接待・交易の場），留居倭人をどのように管理していたかについて論じる．

第12章「地域社会の理解と国鉄門司鉄道局史料のデジタル化」では，未公開資料である国鉄門司鉄道局『局報』の学術的な価値と，本学で実施したデジタル化プロジェクトについて論じる．未公開貴重資料群の発掘は頻繁にあるものではなく，とりわけ人文社会科学分野では，資料の保存と利用に向けた対応について共通見識が確立していない．その稀少な事例をふまえ，貴重資料のデジタル化の方法についても詳述する.

第13章「古文書調査による地域文化の実践的研究」では，地域に伝来する古文書調査を出発点として，地域社会が歴史のなかで経験してきた村の運営，海上交通，旧道，地域伝承，祭礼を見つめ，その意義を再確認する．日本史学に伝統的な古文書と祭礼の調査に基づく地域文化研究であるが，これからの地域づくりに寄与できる「地域学としての歴史学」を目指した実践的報告である.

編者としては，本書を通して読者が九州地域の経済，産業，観光，政策，文化に今まで以上に関心を持ち，地域の魅力の再発見，地域活性化への関心のきっかけとなることを期待したい.

最後に，本書を取りまとめるにあたって，専門的で的確なアドバイスをいただいた晃洋書房編集部の丸井清泰氏に心から感謝の意を表したい.

編 者 一 同

目　次

第1章

九州の地理的特性

はじめに

本章では，九州地域の地理的な特性を概括することを目的とする．第1節では，九州や福岡の位置や地形・気候など自然条件の特色を把握する．第2節では，九州の主要都市について，その人口規模や配置，都市の歴史を学ぶ．第3節では，九州地域の面積，人口，経済規模の国内シェアを確認した上で，九州の主要産業について紹介する．おわりに，九州と近接する東アジアとの関係について整理する．

1 九州地域の自然的特色

1 九州の位置と地形・気候

九州は日本列島の南西部に位置し，九州島と周辺の島々かならなる（図1－1）．九州島の面積は3万6782km²で[1]，国内では本州，北海道に次ぐ大きさで，世界では36番目に大きい島である[2]．九州の中心都市である福岡市は，北緯33度59分，東経130度40分に位置する[3]．パキスタンのイスラマバードやモロッコのカサブランカ，アメリカのロサンゼルスやアトランタとほぼ同じ緯度，北朝鮮のチョンジン（清津）やロシアのヤクーツク，オーストラリアのダーウィンとほぼ同じ経度である．以下では，町田ほか［2001］を参考に九州の地形の特色をみていく．

九州島は，ユーラシア大陸や朝鮮半島に近く，中国・四国地方から続く西南日本弧と，南西諸島から続く琉球弧の接合部に位置している．九州の地下ではユーラシアプレートの下に南海トラフを境界として衝突するフィリピン海プレートが沈み込んでおり，地形は複雑である．九州の地形の特色として，まず

図1－1　九州地域の地図

（出所）国土地理院「地理院地図」をもとに筆者作成.

山地が多い．中九州の東部から南九州の南西部に伸びる九州山地は，紀伊山地，四国山地から連なる火山性ではない急峻な山地であり，その北縁は概ね本州～四国から連なる中央構造線である．北部九州を東西にのびる筑紫山地は，中国山地から連なる比較的低くなだらかな山地である．なお，九州の最高峰は屋久島の宮之浦岳（1936m），九州本土の最高峰は，くじゅう連山の中岳（1791m）である[4]．

九州の地形の最大の特色は，多彩な火山地形とその噴出物である．阿蘇山，くじゅう連山，雲仙岳，霧島山，桜島など日本を代表する活火山が多数存在する．また九州には，阿蘇（あそ），加久藤（かくとう），姶良（あいら），阿多北（あたきた），阿多南（あたみなみ），鬼界（きかい）などのカルデラが複数存在している．数十万年前から最新では鬼界カルデラの約7300年前までに巨大噴火を起こして陥没した地形であり，カルデラ形成時には大量の火砕流堆積物や火山灰を噴出したことが知られている．阿蘇カルデラをつくった約９万年前のAso-4噴火の火砕流堆積物は，九州の中北部全域から山口県に達している．南九州のシラス台地は，主に2.5–2.8万年前に姶良カルデラから噴出された入戸（いと）火砕流の堆積物である．火山はひとたび大噴火すると大きな災害をもたらすが，地質学的な長い時間でみると美しい景観を形成する．1934（昭和９）年３月に日本最初の国立公園として，雲仙と霧島が瀬戸内海とともに指定され，同年12月には阿蘇も指定されている[5]．火山の多い九州は，豊かな温泉にも恵まれている．

九州の河川は相対的に短く，平野は小さく分散している．九州一の大河で「筑紫次郎」の異名を持つ筑後川でも，流路延長は143kmで国内30位，流域面積は2863km^{2}で国内21位である[6]．これに次ぐ九州の主要河川は流域面積順に，大淀川，球磨川，五ヶ瀬川，川内川がある．主要河川の流域にある主な平野として，筑紫平野，熊本平野，宮崎平野，福岡平野，大分平野など，主な盆地として，日田盆地，人吉盆地，都城盆地などがある．

また，九州は半島や離島が多く海岸線が複雑という特色があり，九州の西海岸や東海岸の一部はリアス海岸となっている．九州７県の海岸線延長は１万182kmで全国の28.6％と３割近くを占めている[7]．主な半島には，薩摩半島，大隅半島，国東（くにさき）半島，西彼杵（にしそのぎ）半島，島原半島などがある．天草諸島の上島・下島，長島や，平戸島は九州本土と橋梁で結ばれている．主な離島には，長崎県の壱岐，対馬，五島列島，鹿児島県の甑島（こしきしま）列島，種子島（たねがしま），屋久島，琉球弧に沿って伸びる薩南諸島の奄美（あまみ）群島，吐噶喇（とから）列島などがある．

九州は海も多様である．九州の周囲には，太平洋，東シナ海，日本海，そして波静かな瀬戸内海，日本一の干満差を持ち干潮時は干潟が広がる有明海と八代海，サンゴ礁が広がる奄美・沖縄の亜熱帯の海などがある．これほど多様な海域を持つ地方は他にない．

九州の気候は，太平洋を北上する黒潮（日本海流）と，それから分岐して東シナ海から日本海を北上する対馬海流という暖流によって，年間を通じて温暖で降水量が多い．四季は明瞭で降雪は少ない．梅雨末期の集中豪雨や台風の被害を受けることもある．複雑な地形と温暖な気候により美しい景観を持つ九州には，雲仙天草，西海，阿蘇くじゅう，霧島錦江湾，屋久島，奄美群島の６カ所の国立公園がある[8)]．屋久島は1993年に，奄美・沖縄（奄美大島，徳之島，沖縄島北部及び西表島）は2021年に，それぞれ世界自然遺産に登録されている[9)]．

2　福岡・九州と三大都市圏の地形の比較

福岡・九州は三大都市圏と対照的な地形の特色を持っている．東京，大阪，名古屋を中心とする三大都市圏（例えば東京）は，① 南向きの大きな海湾（東京湾）に，② 複数の一級河川（多摩川，荒川，江戸川など）が流入して，③ 大きな平野（関東平野）を形成し，④ 都市圏の周囲は山地（関東山地や越後山地など）で隣接地方とは陸続き，⑤ 海岸線は単調（半島や離島，リアス海岸が少ない）という特色がある．

一方，九州の広域中心都市・福岡は，① 北向きの小さな海湾（博多湾）に，② 流れ込む一級河川は１本もなく，③ 平野は狭い（福岡平野）．④ 九州地方は島で，中央部が山地，周囲に小さな平野が分散して，隣接地方とは海で隔てられ，海岸線が複雑という特色がある．

福岡は，三大都市圏だけでなく広域中心都市[10)]で比較しても，都心と主要駅，高速バスターミナル，空港，港湾などが半径５km 以内に集積するコンパクトシティである．高度経済成長期まで，大きな河川がなく平野が狭いという福岡の条件は，工業用水が不足して大工場が集積できず，都市の広域的な発展を制約する，つまり福岡の都市成長に不利な条件と言われていた．しかし近年では，大都市の近くに海や山など豊かな自然があり，通勤通学の時間も短く，広域交通ターミナルが近接して便利で，大河川による水害や大工場による環境汚染もないなど，有利な都市条件として語られることが増えた[11)]．

2 九州地域の主要都市

1　九州の主要都市の規模と位置

九州には福岡，佐賀，長崎，熊本，大分，宮崎，鹿児島の7県がある．沖縄を含めても8県である．それなのになぜ“九州”なのか．それは，古代日本で律令制に基づいて設置された国（令制国）で，九州島には，豊前（ぶぜん），豊後（ぶんご），筑前（ちくぜん），筑後（ちくご），肥前（ひぜん），肥後（ひご），日向（ひゅうが），大隅（おおすみ），薩摩（さつま）の9つの国が設置されたからである[12]．九州7県をみると，面積では約1割の福岡県が人口では約4割を占めている（表1－1）．

九州7県には県名と同名の県庁所在都市がある．また，政令指定都市として北九州市，福岡市，熊本市の3市があり，中核市として久留米市，長崎市，佐世保市，大分市，宮崎市，鹿児島市の6市がある．つまり，7県の県庁所在都市と北九州市，久留米市，佐世保市の計10都市が九州の主要都市だと言える（表1－2）．

2023年の都市人口は，福岡市の158万人を筆頭に，北九州市93万人，熊本市73万人，鹿児島市60万人，大分市48万人，宮崎市40万人，長崎市40万人，久留米市30万人，佐世保市24万人，佐賀市23万人である．これらは，地方圏では比較的人口規模が大きい．そして，これらの比較的大きな都市が，地形条件から地域内に分散的に位置していることが九州の特色となっており，九州各地に都市的サービスを提供している．

2　九州の主要都市の歴史

九州では最も輝いている都市が，時代とともに大きく変化してきた（表1－3）．博多は古代から大宰府の外港として発展した港町[13]で，日宋貿易，日明貿易の拠点，自由都市として栄えてきた．戦国時代になると，キリシタン大名である大友宗麟（おおともそうりん）の南蛮貿易により府内（ふない）（大分）が急速に発展した．江戸時代になると，鎖国により博多や府内での国際貿易が禁止される一方で，長崎が日本で唯一，西欧（オランダ）と中国に開かれた国際貿易都市として異例の発展を遂げた．明治維新で九州は重要な役割を果たすが，とりわけ鹿児島は，幕末から明治維新を主導した雄藩の城下町として存在感を高めた．また，佐賀は特に近代技術の面で明治維新を推進する中心的役割を担った．

表1－1　九州7県の面積と人口

県名	面積（2024）		人口(2022.10.1)	
	(km^2)	構成比	(千人)	構成比
福岡県	4,988	11.8%	5,116	40.5%
佐賀県	2,441	5.8%	801	6.3%
長崎県	4,131	9.8%	1,283	10.2%
熊本県	7,409	17.5%	1,718	13.6%
大分県	6,341	15.0%	1,107	8.8%
宮崎県	7,734	18.3%	1,052	8.3%
鹿児島県	9,186	21.8%	1,563	12.4%
九州7県計	42,230	100.0%	12,640	100.0%

（注）人口は「推計人口」.
（出所）国土地理院「全国都道府県市区町村別面積調」，総務省 HP「日本の統計2024」.

表1－2　九州の主要都市

都市名	県庁所在地	政令指定都市	中核市	人口（2023.1.1）
福　岡	○	○		158.1万人
北九州		○		92.9万人
久留米			○	30.2万人
佐　賀	○			22.9万人
長　崎	○		○	40.1万人
佐世保			○	24.0万人
熊　本	○	○		73.1万人
大　分	○		○	47.7万人
宮　崎	○		○	40.0万人
鹿児島	○		○	59.8万人

（注）人口は「住民基本台帳に基づく人口」.
（出所）総務省 HP「地方公共団体の区分」，「日本の統計2024」.

表1－3　九州の主要都市の歴史的特色

時代	都市名	歴史的特色
平安・鎌倉・室町	博　多	大宰府の外港，自由都市・国際貿易都市
戦国時代	大　分	キリシタン大名（大友宗麟）の南蛮貿易による国際貿易都市
江戸時代	長　崎	鎖国のなか西洋（オランダ）と中国に開かれた国際貿易都市
幕末・明治維新	鹿児島	明治維新を主導した雄藩の城下町．“薩”長土肥
	佐　賀	明治維新を主導した雄藩の城下町．薩長土“肥”
明治～戦前	熊　本	九州の広域行政の中心都市（大蔵，郵政，農林）
	佐世保	海軍の鎮守府が置かれた軍事都市
	久留米	陸軍の師団が置かれた軍事都市
高度経済成長期	北九州	九州最大の工業都市．5市合併による九州初の政令指定都市
	宮　崎	緑と太陽の国，九州を代表する観光都市
1980年代以降	福　岡	九州の広域中心都市・中枢管理都市

（出所）筆者作成.

明治維新後，新政府の主要官庁の九州の出先機関は熊本に置かれ，九州の広域的な行政中心となった．佐世保は1889（明治22）年に日本に4カ所しかない海軍鎮守府[14]が設置されてから軍港として急速に発展した．西南戦争で新政府軍の兵站基地を担った久留米には，1907（明治40）年に陸軍の第18師団司令部が設置され軍事都市として発展した[15]．九州は第二次世界大戦で大きな被害を受けた．沖縄は日本で唯一の地上戦の舞台となりアメリカの占領下となった．九州本土は地上戦こそなかったものの，長崎への原爆投下をはじめ，九州の多くの都市が空襲で壊滅的な被害を受けた．

戦後の復興を支え，急速に発展したのが北部九州の炭鉱や，「四大工業地帯」と言われた北九州工業地帯であった．15万石の城下町から商工業に加え軍事都市として発展した「小倉市」，1889（明治22）年に特別輸出港に指定されて大連や台湾への国際定期航路が開設され，本州と九州各地とをつなぐ鉄道の要衝となった「門司市」，筑豊炭田を後背地に日本一の石炭積出港として発展した「若松市」，1901（明治34）年の官営八幡製鉄所の操業から日本一の製鉄の街として発展した「八幡市」，日本有数の工業都市・水産都市として発展した「戸畑市」という個性ある5つの市が対等合併して，1963（昭和38）年に「北九州市」が誕生した．時代は工業中心の高度経済成長期．北九州は，九州はもちろん地方圏では初めての政令指定都市であり，当時の六大都市に次ぐ“七大都市”とも言われた[16]．

また，高度経済成長期に九州は日本を代表する観光地となったが，宮崎は時宜を得た観光開発とPR効果により，「緑と太陽の国」のキャッチフレーズとともに日本有数の観光地，新婚旅行の目的地となった[17]．

福岡市の国勢調査人口が北九州市を逆転し，九州最大の都市になるのは1980年．福岡市が九州の中心都市として九州各地に広く認識されるのは1990年代以降と，長い歴史でみると比較的最近のことである．九州地方は“島”であるため“九州は1つ”として団結しやすい一方で，上述のとおり主要都市がそれぞれ過去に栄光の時代を持っていることが“九州は1つひとつ”と揶揄され，まとまりがない一因にもなってきた．しかし，現在では，個性ある比較的規模の大きな都市が九州各地に分散し，福岡市を中心に都市間交流，都市農村交流が活発に行われていることが，九州の活力の一因となっている．

3 九州地域の経済規模と主要産業

1　九州の経済規模

南北に長い日本列島は，いくつかの地方ブロックに分けられる．都道府県単位で「北海道」，「東北（6県）」，「関東（1都6県）」，「中部（9県）」，「近畿（2府5県）」，「中国・四国（9県）」，「九州（8県）」という7区分が一般的によく用いられる．なお，九州には沖縄県を含めない場合もある．

九州（沖縄を含む8県）の全国シェアをみると，総面積は4万4512km²で全国の11.8%（2020年），総人口は1,410万人で11.3%（2022年），域内総生産（名目GDP）は50.5兆円（2020年度）で9.0%を占めている（図1-2）．電力消費量，小売業年間販売額，建築着工額などの主要経済指標も概ね全国の1割程度である．このため，九州は日本全国の「1割経済」と概括される［九州経済調査協会2024］．

日本では東京一極集中の影響により，関東地方が人口やGDPをはじめ主要経済指標で全国の3～4割を占め，近畿地方や中部地方が15～20%を占めている．一方，東北地方や中国・四国地方は1割に満たず，北海道は5%にも満たない．つまり九州は，経済規模では三大都市圏に次ぐ，地方圏では最も大きな経済規模を持つ地方だと言える．

2　九州の主要産業

九州は日本全国の「1割経済」であるが，全国シェアが1割を超えて高い分野もある（表1-4）．それらが九州の主要産業だと言える．以下，九州経済調査協会［2024］，九州経済調査協会編［2007］などを参考に，九州の主要産業の概要を紹介する．

まず農業と水産業は，産出額の全国シェアが2割以上ある主要産業であり，九州は，日本の食糧供給基地，「フードアイランド九州」と呼ばれる．九州の農業の特色は，南九州で肉牛や豚，ブロイラーなどの畜産業が盛んなこと，温暖な気候ゆえに二毛作ができ，野菜や果実などの生産が盛んなことによる[18]．水産業も盛んで，海面漁業の産出額は，長崎県が北海道に次いで全国2位，海面養殖業の産出額は，鹿児島県が愛媛県に次いで全国2位である[19]．但し，九州の農林水産業も担い手の高齢化と後継者不足に悩まされている．近年では法人の増加や企業や商社の参入，ITの活用，直売所での販売，輸出の拡大等により，

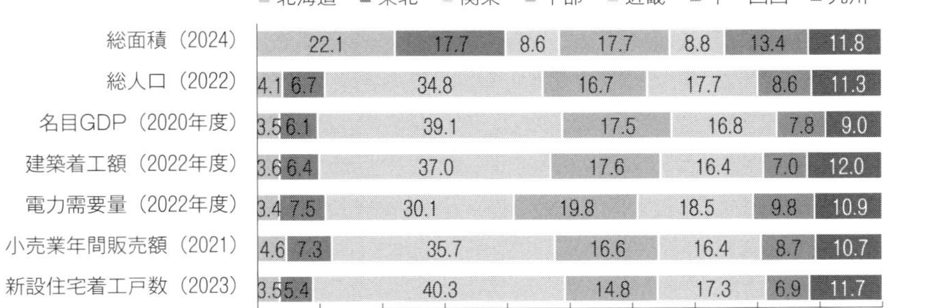

図１－２　主要経済指標の地方ブロック別シェア

（出所）国土地理院「全国都道府県市区町村別面積調」，総務省「日本の統計2024」，内閣府「県民経済計算」，国土交通省「建築着工統計調査報告」，資源エネルギー庁「電力調査統計」，経済産業省「経済センサス－活動調査」，国土交通省「建築着工統計調査」をもとに筆者作成.

表１－４　主な経済指標の九州（８県）の全国シェア

	単位	全国	九州８県	全国シェア(%)	年次
総面積	km²	377, 975	44, 512	11. 8	2024
総人口	千人	124, 947	14, 108	11. 3	2022
域内総生産（名目）	億円	5, 587, 783	505, 083	9. 0	2020年度
電力需要量	百万 kWh	822, 176	89, 303	10. 9	2022年度
小売業年間販売額	億円	1, 381, 804	147, 821	10. 7	2021
建築着工額	億円	267, 468	32, 107	12. 0	2022
新設住宅着工戸数	戸	819, 623	95, 985	11. 7	2023
〈１割を超える主な指標〉					
農業産出額	億円	88, 600	18, 827	21. 2	2021
林業素材生産量	千 m³	22, 082	※　5, 392	24. 4	2022
海面漁業・養殖業産出額	億円	12, 552	3, 303	26. 3	2021
粗鋼生産量	千トン	89, 227	※　13, 736	15. 4	2022
鋼船建造量	千総トン	9, 324	＃　2, 471	26. 5	2022
集積回路生産額	億円	20, 834	※　9, 301	44. 6	2022
自動車生産台数	百台	78, 355	※　11, 469	14. 6	2022
入国外国人数	千人	31, 187	4, 820	15. 5	2019
延べ宿泊者数	千人泊	595, 921	91, 559	15. 4	2019

（注）＃印は山口県を含む，※印は九州７県.
（出所）九州経済調査協会『図説九州経済2024』をもとに筆者作成.

農林水産業の生産性の向上と高付加価値化の動きもみられる．

2015年７月に世界文化遺産として「明治日本の産業革命遺産 製鉄・鉄鋼，造船，石炭産業」の登録が決定した．その構成資産のほとんどが九州・山口にある．九州の近代産業は世界遺産としての価値ある歴史を持っている．明治時代に誕生したこれら重厚長大産業のうち，石炭産業は消滅[20]したが，製鉄業は日本製鉄九州製鉄所の八幡地区と大分地区に高炉があり，粗鋼生産量の全国シェアは15.4％（2022年）である．造船業は，長崎，佐世保，西海，伊万里，熊本県長洲町，福岡，臼杵，佐伯，下関などに造船所があり，鋼船建造量の全国シェアは26.5％（2022年）と高い．

そして，半導体産業と自動車産業は現在，九州のリーディング産業となっている．1960年代に誕生した九州の半導体産業は，ルネサスや三菱電機，ソニーなど日本を代表する半導体企業の工場が九州各地に立地しており，集積回路生産額の全国シェアは44.6％（2022年）に達する．また，半導体製造装置やシリコンウエハ，リードフレーム，ファインケミカル部材など関連産業も集積しており「シリコンアイランド九州」と呼ばれている．さらに，世界最大の半導体企業と言われる「台湾積体電路製造（TSMC）」が出資する新工場が，2024年２月に熊本県菊陽町で操業した．第２工場の建設も決定しており，さらなる産業集積が期待されている[21]．

1970年代に誕生した九州の自動車産業は，福岡県苅田町に日産と日産車体，宮若市にトヨタ，大分県中津市にダイハツの４社の自動車組立工場が立地し，山口県防府市にはマツダの工場もある．熊本県大津町にはホンダの二輪車工場がある．九州の自動車生産台数の全国シェアは14.6％（2022年）で，部品生産を含めて九州の自動車産業は厚みを増してきており「カーアイランド九州」と呼ばれている．

豊かな自然に恵まれた九州は，日本の南の観光拠点である．2005年には九州７県の官民が一体となって観光を振興する「九州観光機構」が発足した[22]．アジアに近い九州では，韓国人や中国人の観光客が多いという特色があるが，幅広い外国人観光客の誘致に力を入れている．

おわりに
――九州と東アジア――

九州は，日本国内では首都・東京から遠い辺境の地にあるが，視野を海外に

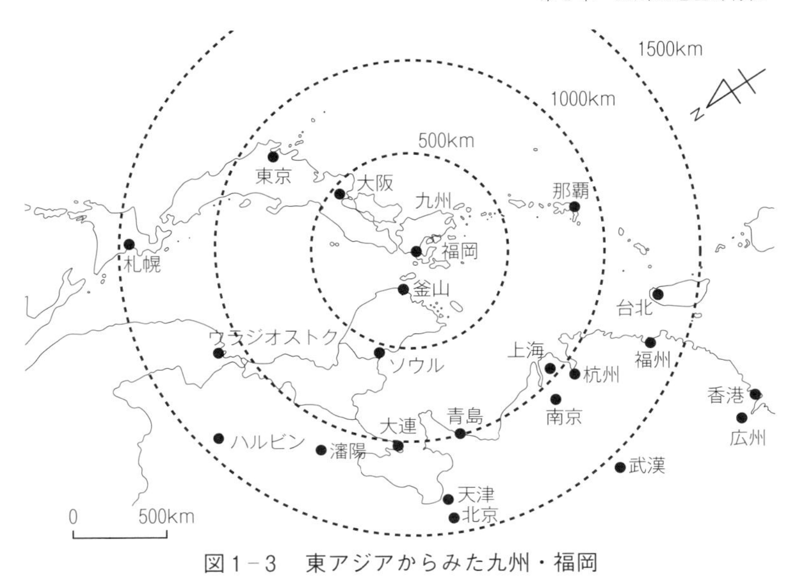

図１－３　東アジアからみた九州・福岡

（出所）筆者作成.

拡げると，20世紀後半以降，急速な経済発展を遂げている東アジアの主要都市と近い距離にある（図１－３）．福岡を中心に円を描いてみると約200kmのところに韓国・釜山がある．これは直線距離で鹿児島や広島とほぼ同じ距離である．同様に福岡から大阪とほぼ同じ約500kmに韓国の首都・ソウルがあり，東京や那覇と同じ約1000kmに上海や大連，青島，ウラジオストクがある．そして，福岡から札幌と同じ約1500km圏内に中国の首都・北京や台北がある．九州はそれ自身が地方圏では比較的大きな経済圏を有しているが，このように東アジアの主要都市と近い距離にあることが，福岡そして九州の活力の背景にある．

九州を国際的視点で見ると，東アジア諸国・地域に近い地理的位置ゆえに，歴史的には常に日本の変化を先取りする地域だった．古代には朝鮮半島や中国などから稲作，仏教，漢字などがいち早く流入した．中世・近世にはポルトガルやオランダから火縄銃，キリスト教，西洋医学などが，近代以降はイギリスやフランスなどから近代的な産業技術，蒸気船，大砲など，当時の最先端の知識や技術が真っ先に伝わってきた．一方で九州は，国際関係がひとたび緊張・悪化すれば，真っ先に大きな影響を受ける地域でもあった．

20世紀の終盤以降，東アジアでは大規模な戦争は発生していない．しかしながら，21世紀に入り，近隣諸国・地域との緊張感は徐々に高まってきている．自然が豊かで個性ある歴史を持ち，輝かしい産業が根づいている九州地域について学び，正しく理解し，持続的に発展させていくことは，九州に暮らす人々の責務である．

注

1）国土地理院 HP「全国都道府県市区町村別面積調」.
2）WorldIslandInfo.com HP “Largest Islands of the World”.
3）国土地理院「地理院地図」で福岡市役所の位置で計測.
4）国土地理院 HP「日本の山岳標高一覧（1003山）」.
5）環境省 HP「日本の国立公園」国立公園80年の歴史.
6）総務省統計局「日本統計年鑑」1－6 主な水系（令和４年）．坂東太郎が利根川，筑紫次郎が筑後川，四国三郎が吉野川.
7）環境省「平成29年版　環境統計集」3. 24都道府県別海岸延長．都道府県別では，北海道12. 5%，長崎県11. 7%，鹿児島県7. 5%，沖縄県5. 7%の順である.
8）環境省 HP「日本の国立公園」国立公園一覧．なお，大分県の高崎山や両子山，姫島，北九州市の和布刈は，瀬戸内海国立公園である.
9）環境省 HP「日本の世界自然遺産」.
10）広域中心都市は，地方圏である北海道，東北，中国・四国，九州の中枢管理機能が集積する札幌市，仙台市，広島市，福岡市を指す．地方中枢都市，地方中枢拠点都市ともいう．４市の頭文字から「札仙広福（さっせんひろふく）」と言われる.
11）福岡市水道局 HP「水源情報　福岡市の水源・浄水場」によると，福岡市の水資源は都市圏の中小河川だけでは不足するので，筑後川の水資源の恩恵も受け，海水淡水化も行っている.
12）令制国では「壱岐」と「対馬」もそれぞれ一国を形成していた.
13）歴史書における「博多」の初出は，『続日本紀』天平宝子３（759）年「博多大津」である．奈良時代にはすでに大きな港町であったと推測される.
14）文化庁 日本遺産ポータルサイト HP「鎮守府　横須賀・呉・佐世保・舞鶴」．大日本帝国海軍の鎮守府は，横須賀，呉，佐世保，舞鶴の４カ所.
15）自衛隊採用メールマガジン HP「陸上自衛隊幹部候補生学校」．久留米市には現在でも陸上自衛隊幹部候補生学校がある.
16）北九州市 HP「人口の状況について」．1963年に誕生時の北九州市の人口は約103万人，当時の福岡市の人口は約70万人だった．なお，六大都市とは，東京，横浜，名古屋，京都，大阪，神戸の６都市.

17）宮崎県みやざきアピール課HP「ハネムーンの時代」，Jaja宮崎県情報誌Vol. 20．ピーク時の1974（昭和49）年に宮崎市内に宿泊した新婚旅行客は約37万組で，これは同じ年に全国で結婚したカップルの約35パーセントにのぼるといわれている．
18）九州農政局HP「見たい！知りたい！九州農業2023」第2章．
19）九州農政局HP「統計でみる九州漁業の概要」令和5年10月．
20）九州旅ネットHP「九州最後の炭鉱の島『池島』で坑内炭鉱体験！」．九州の石炭産業は，長崎県池島炭鉱の2001年の閉山をもって消滅した．
21）NHK NEWS WEB 2024年2月24日「TSMC半導体工場完成 第2工場建設も決定 政府最大1.2兆円余補助」．
22）九州観光機構HP「九州観光機構とは」．

参考文献

〈邦文献〉
九州経済調査協会［2024］『図説九州経済2024』（公財）九州経済調査協会．
九州経済調査協会編［2007］『九州産業読本　改訂版』西日本新聞社．
町田洋・太田陽子・河名俊男・森脇広・長岡信治 編［2001］『日本の地形7　九州・南西諸島』東京大学出版会．

〈WEB文献〉
NHK NEWS WEB　2024年2月24日「TSMC半導体工場完成 第2工場建設も決定 政府最大1.2兆円余補助」．（https://www3.nhk.or.jp/news/html/20240224/k10014369011000.html，2024年3月27日閲覧）．
WorldIslandInfo.com HP「Largest Islands of the World」（https://www.worldislandinfo.com/LARGESTV1.html，2024年3月27日閲覧）．
環境省HP「日本の国立公園」国立公園一覧（https://www.env.go.jp/park/parks/index.html，2024年3月27日閲覧）．
環境省HP「日本の国立公園」国立公園80年の歴史（https://www.env.go.jp/park/about/history.html，2024年3月27日閲覧）．
環境省HP「日本の世界自然遺産」（https://www.env.go.jp/nature/isan/worldheritage/index.html，2024年3月27日閲覧）．
環境省HP「平成29年版　環境統計集」3.24都道府県別海岸延長（https://www.env.go.jp/doc/toukei/contents/tbldata/h29/2017-3.html#capt3，2024年3月27日閲覧）．
北九州市HP「人口の状況について」（https://www.city.kitakyushu.lg.jp/files/001043386.pdf，2024年3月27日閲覧）．
（一社）九州観光機構HP「九州観光機構とは」（https://www.welcomekyushu.jp/kaiin/a

bouts/，2024年３月27日閲覧）.

九州旅ネット HP「九州最後の炭鉱の島『池島』で坑内炭鉱体験！」（https://www.welcomekyushu.jp/article/?mode=detail&id=154，2024年３月27日閲覧）.

九州農政局 HP「統計でみる九州漁業の概要」令和５年10月（https://www.maff.go.jp/kyusyu/toukei/hensyu/attach/pdf/kyusyu_gyogyou-26.pdf，2024年３月27日閲覧）.

九州農政局 HP「見たい！知りたい！九州農業2023」第２章（https://www.maff.go.jp/kyusyu/kikaku/attach/pdf/mirusiru_2023-4.pdf，2024年３月27日閲覧）.

経済産業省「経済センサス‐活動調査」卸売業，小売業（https://www.e-stat.go.jp/stat-search/files?page=1&toukei=00200553&tstat=000001145590，2024年３月27日閲覧）.

国土交通省「建築着工統計調査報告」建築着工統計（https://www.e-stat.go.jp/stat-search/files?page=1&toukei=00600120&tstat=000001016965，2024年３月27日閲覧）.

国土交通省「建築着工統計調査報告」住宅着工統計（https://www.e-stat.go.jp/stat-search/files?page=1&toukei=00600120&tstat=000001016966，2024年３月27日閲覧）.

国土地理院 HP「全国都道府県市区町村別面積調（令和６年１月１日）」付３　島面積（https://www.gsi.go.jp/KOKUJYOHO/MENCHO/backnumber/GSI-menseki20240101.pdf，2024年３月27日閲覧）.

国土地理院 HP「日本の山岳標高一覧（1003山）」都道府県最高地点（https://www.gsi.go.jp/kihonjohochousa/kihonjohochousa41196.html，2024年３月27日閲覧）.

自衛隊採用メールマガジン HP「陸上自衛隊幹部候補生学校」（https://www.mod.go.jp/gsdf/jieikanbosyu/details/education/rikujo-kambukohoseigakko.html，2024年３月27日閲覧）.

資源エネルギー庁「電力調査統計」2022年度３-（２）　都道府県別電力需要実績（https://www.enecho.meti.go.jp/statistics/electric_power/ep002/results_archive.html#r04，2024年３月27日閲覧）.

総務省 HP「地方公共団体の区分」（https://www.soumu.go.jp/main_sosiki/jichi_gyousei/bunken/chihou-koukyoudantai_kubun.html，2024年３月27日閲覧）.

総務省統計局 HP「日本統計年鑑」１-６主な水系（令和４年）（https://www.stat.go.jp/data/nenkan/73nenkan/zenbun/jp73/book/index.html#page=56，2024年３月27日閲覧）.

総務省統計局 HP「日本の統計2024」２-２都道府県別人口と人口増減率（https://www.stat.go.jp/data/nihon/02.html，2024年３月27日閲覧）.

総務省統計局 HP「日本の統計2024」２-３都市別人口（令和５年）（https://www.stat.go.jp/data/nihon/02.html，2024年３月27日閲覧）.

内閣府 HP「県民経済計算」県民経済計算（平成23年度-令和２年度）（https://www.esri.cao.go.jp/jp/sna/data/data_list/kenmin/files/contents/main_2020.html，2024年３月

27日閲覧).
福岡市水道局 HP「水源情報　福岡市の水源・浄水場」(https://www.city.fukuoka.lg.jp/mizu/mizukanri/0034.html, 2024年３月27日閲覧).
文化庁 日本遺産ポータルサイト HP「鎮守府　横須賀・呉・佐世保・舞鶴」(https://japan-heritage.bunka.go.jp/ja/stories/story035/, 2024年３月27日閲覧).
宮崎県みやざきアピール課［2010］, Jaja, 宮崎県情報誌 Vol. 20 (https://www.pref.miyazaki.lg.jp/contents/org/shoko/appeal/jaja/20_08.html, 2024年３月27日閲覧).

第2章

地域の国際戦略と都市マーケティング

はじめに

今日，国内の多くの地域や地方自治体（以下，自治体と略す）において，「国際化」「国際交流」「国際協力」など国際の文字を冠した政策や市民活動の支援への取り組みがみられる．同時に，近年は，グローバル化への対応のための政策展開も増えてきている．

本章では，国内地域における「国際化」や「グローバル化」に関する政策の取り組み背景と変遷について，歴史的な流れから概観したうえで，自治体を中心とする地域の国際関連政策の変容について整理していく．

その整理の枠組みとして，マーケティングの考えを適用し，「都市」に注目が集まる今日の社会状況を鑑み，都市マーケティング戦略としての国際関連政策，ここでいう「国際戦略」の特徴と課題について，九州の経済発展と文化活動をけん引する大都市である，福岡市の取り組み事例を通じて検討する．

そのうえで，福岡市と九州各地域が進めていくことが望ましい，これからの国際戦略および，都市・地域マーケティング戦略の方向性を示す．

1 地域の国際関連政策と「国際戦略」

1 国際化の概念

日本では，国際化という言葉は，曖昧な概念のもとに用いられてきた．一般的に，経済大国化することにともなって国際社会に参加し，その一員となることが必要であり，そのための対応を国際化と呼んできたようだが，日常生活レベルでは「英語が話せるようになる」「外国人と交流する」という身近で多義的な意味合いで使われている．また，Internationalization と英訳されることが多いが，日本語の国際化にはその英単語では言い表せられない日本的心情が入っており，日本に長くいる英語圏の人々はそこを読んで，「Kokusaika」とローマ字で表現することが多いという．さらに近年は，グローバル化という言葉の広まりによって，従来国際化と呼ばれていたものが，グローバル化と言い換えられるようになる一方で，国と国境の存在を越え一体化していくグローバル化との相対化によって，国境の存在を前提とする概念を，国際化とする記述もみられるようになっている［山下 2008：2］．

2　地域の国際化政策の広まりと鎮静

国内各地域では，自治体が中心となって国際化政策を推進してきた経緯がある．市民やNPO・草の根グループ等との連携・協力を看板に掲げる活動も，実質は自治体からの資金，人材，方針提供などによるものが大多数を占め，自治体が主体性・指導性を持ち続けているのが実態だった．

地方における国際化政策という領域も曖昧である．自治体は国際化政策という表現を，国際化推進政策などという形で比較的安易に用いてきたが，自治体によってはその使用に慎重であったところもある．それは，国際化というときには，前提として国家の存在があり，地方の主体的な活動や政策という意味あいが薄れるからだ．しかし，多くの自治体がその言葉を用いてきたのは，国家の推進政策の補完という役割意識があったためと考えられている［山下 2008：17］．

国が地方・地域の国際化に取り組み始めたのは，1971年に外務省が「海外技術協力推進団体補助金」を創設し，都道府県における海外からの技術研修員受入れ事業に対する助成を開始してからのことである．当初は国際と言えば，外務省の担当という状況だったが，1980年前後から様相が変わり始める．自治体や他省庁の参入である．

まず1975年に神奈川県が「地方の時代」を強調する脈絡の中で，国が進める「国際」に対置すべきものとして「民際」という概念を提唱，独自の「民際外交」に取り組み始めた．これは，神奈川県が，米軍基地との渉外活動や在日外国人・難民問題等の外交問題を抱えていたことに起因するが，1980年代に入り経済を中心とする地域振興の手段としての国際交流に注目が集まるようになったこととも無縁ではない．1985年にプラザ合意を契機として，地域企業の海外進出ブームが起こり，地域が直接的に海外につながる機会が増えてきたことも一因と考えられる．

これらの情勢を受けて，自治省（現総務省），文部省（現文部科学省）が，1980年代後半に，地域における国際化推進のメニューを提示し，その推進に対する補助金や支援の枠組みが示されるや否や，国際交流を地域振興策の一手段として推進していこうという動きが，地方の様々な地域で活発化していった．だが，これらのほとんどが，地域の特性や実情を考慮しないままの，「お金が国からもらえるから」という受動的な態度による政策展開だったといえる．国際交流を地域振興に活かしていこうという発想自体は，地域に軸足を置いたものだったが，発想を地域独自の政策として練り上げて実践した例は少なく，国からの推進メニューをそのまま取り入れた事業展開が多くを占めていた．

その結果，1990年になると，経済低迷による財政のひっ迫から，国際交流の推進事業は沈静化していく．これに代わって主流になっていったのが，国際協力・国際貢献活動であった．だが，これも国の指針に基づく活動である．1990年代に入ると外務省や自治省などが，国際交流にかわり，国際協力の推進を促すような制度やガイドラインを提示，通達していった．

自治体にとって国際協力政策は，国際交流よりも理念や目的が明解であったため，住民の理解や活動者の満足感や達成感も得られやすかった．また，国際交流政策に対して，活動が一部の住民団体等に偏っているという指摘や，その活動を自治体が支援することに疑問を呈す声があがってきていた状況において，交流によって基盤が形成されたから，次の段階の取り組みが可能となったと説明できる国際協力は，国際交流政策の成果を主張できる有用な政策だったとも考えられる．その結果，地域活性化・地域振興等を目的としていた国際化政策は，十分な成果検証が行われないまま，次第に傍らに追いやられていった．

3　国際化政策から国際政策へ

1990年代になると，国際交流や国際協力活動は，市民が主体となる活動に委ねられ，自治体は1989年に都道府県，政令指定都市に設置された地域国際化協会を通じた側面支援に回っていく．一方で，この時期頃より，国際関連政策を強化し，グローバル化に対応しうる地域づくりを進めていこうという動きが現れてくる．自治体政策の全分野に国際的な視点を取り入れた，総合的な国際政策にかじを取り始める自治体が，都道府県および政令指定都市など大都市を中心にみられるようになった．

地域の環境問題，教育，産業振興といった，ほぼ全ての政策領域において，国際的な問題を起点とした政策立案が求められるようになっただけでなく，多国籍住民や海外からの観光客の増加などにより，「内なる国際化」への対応要請と市民の関心が高まり，多文化共生の視点が必要不可欠になってきたからである．

この変化に対応すべく，例えば「民際外交」で地方の国際化の先陣を切った神奈川県は，1991年に「かながわ国際政策推進プラン」を策定し，国際政策の展開に取り組み始めた．

国際化政策と国際政策の違い（定義）は，次のように整理できる．

【国際化政策とは】

国際交流・国際協力，在日外国人問題など，国が進める「地域の国際化政策」の補完として，比較的受動的な態度で，進められた政策である．また，個別政策領域においては，港湾の国際化（航路開拓・運営管理の国際標準化等），地場企業の国際化（貿易・海外進出等）支援などの施策も国際化政策の中に位置づけられている．

【国際政策とは】

1990年代後半以降に急激に表面化してきたグローバル化の様々な課題に対し，地域が能動的に取り組んでいこうという政策で，地域の自律的経営を支え，自律的発展に寄与しうる視点を持った，地域全体で取り組む総合的な地域政策である．国際化政策を戦略的に発展させたものであり，従来型の国際化政策を内包する．

国際化政策から国際政策への大きな変化は，姿勢や活動領域が「能動的選択」にかわったことと考えられる．また，国際政策にみられる特徴の１つに，選択と集中がある．特に，多様な国際的活動のなかから，地域産業・経済振興につながるような国際活動を選定し，資源を集中投入し，中長期的計画をたて推進していく動きがみられるようになった．

2000年代半ば，グローバル化がますます顕著になり「ヒト，モノ，カネ，情報等，あらゆるものの行き先となるための世界的な地域・都市間競争」が激しくなってくると，選択と集中は，マーケティングの枠組みを援用した形で，戦略的に展開されるようになってくる．

4　国際戦略への脱皮・都市マーケティング戦略の展開

(1) マーケティングおよび都市マーケティングとは

まずは,マーケティングおよびマーケティング戦略について簡単に整理する.

マーケティングとは，最も簡潔に定義すると「売れ続ける仕組みをつくること」といえる．購入する顧客側からみれば，コストを払って製品・サービスを受け取ることにより，新たな価値を創造し，それによってベネフィット（利益）を得るという一連の活動のことである.

マーケティング戦略は，自社の製品やサービスを取り巻く環境を分析する（i）環境分析．市場を細分化し標的市場を絞り込み競合に負けない位置取りを行う（ii）市場選定．何を，いくらで，どこで，どのように売るのかを最適に組み合わせる（iii）戦略最適化．そして（iv）実施・管理．以上の4段階から構成される．この4段階の全てに求められるのが，マーケティング課題に対して，有効な意思決定を支援するための調査・分析（マーケティング・リサーチ）である.

次に都市マーケティングである．ここでは，プレイス・マーケティング（場のマーケティング）のうち，対象を都市，なかでも広域都市圏を背景に持つような比較的大きな都市のマーケティングを前提とする．英語圏ではシティ・マーケティングやメトロポリス・マーケティングと表現されることが多い.

プレイス・マーケティングは，ある一定の価値や意味を有す地理的空間のマーケティングのことだが，比較的新しい言葉であり，まだ定義も固まっているとはいえない．実践や学術の場でも，類似概念や施策であるプレイス・プロモーション，プレイス・ブランディングとしばしば同義的に使われるなど，混乱がみられる．ここでは参考までに，このプレイスに関する3つの概念の違いを説明するBoisenら[2017：5]の簡潔な定義例を次に示しておく.「プレイス・プロモーションは主に好意的なコミュニケーションを生み出すこと，プレイス・マーケティングは主に需要と供給のバランスをとること，プレイス・ブランディングは主に好意的なプレイスのアイデンティティを創造し，維持し，形成すること」である.

日本では，プレイスのマーケティングが地域のマーケティングと訳されて紹介された経緯もありプレイス・マーケティングという言葉は一般的とはいえない[1)]．また意味を細分化し，観光地マーケティング，自治体マーケティングなどといって用いられたりすることも多く，混乱しやすい概念なので，言葉の定義や前提への言及が欠かせない．

都市マーケティングの特徴を，企業が通常行っているマーケティングとの違いから，確認する．都市マーケティングには，次の２つの大きな特徴がある．

【産学官民連携による展開】

企業が行うマーケティングと，都市マーケティングの大きな違いは，一都市や一自治体など単体で行うものではないところにある．都市マーケティング戦略は，対象となる都市地域に関係する様々な関与者（アクター）や利害関係者（ステークホルダー）に利益をもたらすことが求められるため，地域の産学官民と連携しながら策定し，実施，管理していく必要がある．

【４つの標的市場】

大別すると，都市マーケティングには標的市場の対象が４つ存在する．都市マーケティング戦略が求められるようになった背景には，グローバル化によって「ヒト，モノ，カネ，情報等，あらゆるものの行き先となるための世界的な地域・都市間競争」が激しくなってきたことがある．以下，標的と対象者の例を示す［Kotler et al 1993 : 24］．

■訪問者（ビジネスビジター）＝MICE 参加者，購買や販売で訪問するビジネスパーソン
　　　　（私的ビジター）＝観光客・旅行者
■住民・働く人　＝専門職・熟練ワーカー・投資家・富裕層・起業家・労働者
■ビジネス・産業　＝重工業・クリーン産業・起業家
■移出・輸出市場　＝地域産品等（狭義の地域ブランド）
　　　　　　　　→他地域で売上益を稼ぐ存在

都市マーケティング戦略では，これらの標的市場に優先順位をつけるか，絞り込む必要がある．活動資源が十分な都市であれば，全市場にアプローチしていくことも可能だが，選択と集中によって強い柱を育て，その柱を中心に簡潔なコンセプトを立て，戦略展開していく方が統一イメージの形成，つまり都市をブランディングできる可能性が高い．

（２）都市マーケティング戦略としての国際戦略

2000年代後半になると，海外からの観光客（インバウンド）誘致が国策として推進されるようになり，自治体は，都市マーケティング戦略の観点から，世界市場を意識し，競争相手の中でも埋没しない，「地域益をもたらす活動の行き先として，売れ続けるための仕組みづくり」を考えなければならなくなってきた．過去の国際化政策の延長上で考えると，戦略性の高い国際政策，本章では国際戦略への脱皮と整理し，次のように定義づける．

【国際戦略とは】

個別の国際化政策を高度化して統合的に一体的に促進する国際政策の新しい領域であり，極端な言い方をすれば，何らかの地域益をもたらすための投資的国際活動である．2000年半ば頃より，激しさを増してきた地域間競争（投資・企業立地・観光・留学・定住・起業等の行き先となるため）のなかで生まれてきたものである．マーケティングのスキームを援用し，標的市場を，訪問者，住民・働く人，ビジネス・産業，移出・輸出市場に細分化し，地域分析を基に，市場を選択し地域資源を集中し，戦略を策定し，展開していく．戦略の策定，展開に当たっては，産学官民が連携しながら，実施管理していくことが求められる．

国際化政策や国際政策と異なり，「国際戦略」の策定を行う自治体の数はそう多くはない．従来型の計画策定とは異なり，マーケティング戦略にように，「環境分析→市場選定→戦略最適化→実施管理」の４段階活動を，世界情勢や社会の変化をみながら迅速に展開する必要性があり，なおかつ，自治体単体で実施できる施策は限られているからである．

さらに，投資・企業立地・観光・留学・定住・起業などの受け皿，サービスは，産学官民のステークホルダーが協働で提供していく必要があり，国際戦略の展開には，新たな体制や組織の生成が必要となる．よって，ある程度の大都市においてのみ，国際戦略の策定が確認されている．

表２−１は，1980年代後半から2010年代後半にかけ，20政令指定都市において策定された「国際関連政策計画・プラン等」の変遷である．

2000年代後半より，大都市のなかに「戦略」を用いるプランが少しずつみられるようになり，2010年以降「国際戦略」の策定が相次いでいることが確認できる．また，「国際」の看板を外し，絞り込んだ目的や市場を前面に出し，「デ

表2－1　20政令都市の国際関連政策計画・プラン等の変遷表

	1900年代		2000年代			
	—94	95 96 97 98 99	00 01 02 03 04	05 06 07 08 09	10 11 12 13 14	15 16 17 18 19
札幌市			国際化推進プラン		国際戦略プラン	
仙台市		国際化推進プラン 多文化共生推進行動計画			経済成長デザイン	交流人口ビジネス活性化戦略
新潟市				国際化推進大綱		国際化推進大綱2015
さいたま市			国際化推進基本計画（2014改）	国際化推進基本計画アクションプラン（2014改）		
千葉市	1991国際交流基本計画		国際化推進基本計画		国際化推進アクションプラン	都市アイデンティティ戦略プラン 多文化共生のまちづくり推進指針
横浜市	1981〈21世紀プラン（副題に世界）〉			海外諸都市との都市間交流指針 ヨコハマ国際まちづくり指針 第2の開国をリードする横浜の国際都市戦略		国際戦略 多文化共生まちづくり推進指針
川崎市				多文化共生社会推進指針（2015改）		国際施策推進プラン シティプロモーション戦略プラン
相模原市	国際プラン（2010改）					
静岡市				国際化推進計画		多文化共生推進計画 地域外交基本方針
浜松市			世界都市化ビジョン（旧）	世界都市化ビジョン（新）	国際戦略プラン 多文化共生都市ビジョン	第2次国際戦略プラン 第2次多文化共生都市ビジョン
名古屋市			〈新世紀計画2010〉			〈総合計画2018〉
京都市		国際化推進大綱		国際化推進プラン（2014改）		
大阪市		国際化推進基本指針（2002, 2007改） 外国籍住民施策基本指針（2004改）		プロモーション推進プラン	都市魅力創造戦略（府市連携）	都市魅力創造戦略2020（府市連携）
堺市	国際化基本指針			国際化推進プラン（2011改, 2013改, 2018改, 追補）		
神戸市				地域国際化基本指針 国際化推進大綱 デザイン都市・神戸（ユネスコ創造都市ネットワークデザイン都市認定）		国際交流推進大綱
岡山市				〈都市ビジョン〉 多文化共生社会推進プラン（2014改）		
広島市				多文化共生のまちづくり推進指針（2014改） 〈第5次基本計画〉		
北九州市	1991国際政策推進大綱（5年毎に策定）					国際政策推進大綱2016
福岡市	1987〈基本構想（副題にアジア）〉 1991国際交流推進大綱		国際化推進計画		福岡都市圏の成長戦略（FDC＊） 〈基本構想・第9次基本計画〉	グローバル創業都市・福岡」ビジョン（福岡市・FDC＊）
熊本市					東アジア戦略・国際化指針	国際戦略

＊FDC：福岡地域戦略推進協議会（福岡都市圏の産官学で構成されるシンク＆ドゥタンク）

（注）〈　〉は，総合計画に国際施策関連事項が記載．

（出所）2024年4月4日時点，各HPを筆者目視検索・各市名とキーワード「国際化・国際政策・国際戦略」を検索し作成．したがって，網羅されているわけではない．

ザイン」「創業都市」「魅力創造」でグローバルな政策を展開していくことを表明したプラン等もみられるようになってきた．これらの「国際戦略」に共通するのは，環境分析の手法を用いた地域分析を行い，地域資源の強みをいかした戦略を策定しているところと，将来の人口減少予測を踏まえたうえで，広域地域をけん引できるような創造的革新的なビジネス拠点やMICEの誘致を掲げているところである．

しかしながら，名称に「国際戦略」と名乗っていても，先にあげた定義要件を必ずしも満たせていないプランもみられる．特に産学官民連携による実施・管理である．これまでの「国際化政策」「国際政策」の延長上で，「国際戦略」の名称に置き換えただけの都市は，従来どおり自治体単体で取り組もうという姿勢がまだ残っている．

そのようななか，福岡市は，自治体単独の国際戦略を展開するのではなく，海外都市の事例から学びながら，産学官民連携による地域戦略の立案・推進組織を創設し，グローバル化に対応しうる都市の成長戦略を展開することによって，2010年以降，国内外での都市としての注目度を高めてきている．地域成長戦略の策定やグローバルな競争戦略を展開するなど，ポスト国際戦略の萌芽もみられる．

次節では，早くから国際関連政策に力を入れてきた都市の1つであり，独自の取り組みで国際化からグローバル化への対応を行ってきた福岡市の事例をみていきたい．

2 福岡市の都市マーケティング戦略（国際戦略）

1 福岡市のアジアに特化した政策（福岡市独自の国際化政策フェーズ）

福岡市は，神奈川県が「民際外交」を打ち出す以前，1973年に市長室国際課を設置し［福岡アジア都市研究所 2009：14］，国際関連政策を実施する体制をいち早く整えた基礎自治体である．そして，日本において最も早い時期に「アジアの成長活力」に着目し，「アジア」を意識した政策を展開し始めた都市といえる．1987年に策定した福岡市基本構想において「活力あるアジアの交流拠点都市」を都市像の1つとして掲げて以来，様々な分野，方法によって，アジア政策（アジアに特化した国際関連政策）を展開してきた［福岡アジア都市研究所 2009：4－6］．このように継続的にアジアに特化した政策を推進してきた都市は他にはみられ

表２−２　福岡市の主要なアジア政策関連事項・事業

年	主要なアジア政策関連事項・事業
【福岡市がアジア政策を展開】	
1987	福岡市基本構想「活力あるアジアの拠点都市」を目指すことを宣言
1989	日本初　アジアを冠につけた　地方博「アジア太平洋博覧会」開催 世界唯一　「アジア太平洋こども会議　IN　福岡」開始
1990	「アジア太平洋都市宣言」 アジアに浸る１ヶ月「アジアマンス」開始（終了） 世界唯一　アジアの知性を顕彰する「福岡アジア文化賞」開始★ アジアを表現する空間「アジア太平洋フェスティバル」開始★
1991	世界初　アジアの映画祭「アジアフォーカス・福岡国際映画祭」開始★
1992	アジアの学術・文化情報拠点「アジア太平洋センター」設立（統合）
1994	アジアの市長が集う「アジア太平洋都市サミット」開始
1996	世界初　アジアの映像文化財アーカイブ「映像ホール・シネラ」設立
1997	世界最大のまちづくり組織「国連ハビタットアジア太平洋事務所」開設
1999	世界初　アジアの現代美術に特化した「福岡アジア美術館」開館 世界初　「福岡アジア美術トリエンナーレ」開始（2017年以降未開催）
【福岡市から民間へと，アジア政策の資産を広げる方向へ】	
2004	産学官連携シンクタンク「福岡アジア都市研究所」設立 （アジア太平洋センターが福岡都市科学研究所と統合）
2004	アジアのリーダーを養成する産官学ビジネススクール「NPO 九州アジア経営塾」設立
2012	★に「クリエイターズ」が加わり「アジアンパーティ」として再編 （福岡国際映画祭は2021年に終了）

（出所）福岡アジア都市研究所［2009：巻頭言］に各 HP をもとに加筆し，筆者作成．

ない．

2003年策定の『福岡市国際化推進計画』は，2000年までの国際化政策を３ステージに区分しているが，アジア政策は第３ステージで展開された．

表２−２は，2000年までに取り組みを開始した主要アジア政策事業の一覧である（一部2000年以降も記載）．これをみると，いかに福岡市が多岐にわたる分野に投資し，事業を展開してきたかがわかる．しかも「福岡アジア美術トリエンナーレ」「福岡国際映画祭」を除いては，一部見直し，再編などはあるものの2024年現在まで継続されている．

アジア政策の事業は，例えば「アジア太平洋こども会議」であれば，「こども」，「福岡国際映画祭」であれば，「映画製作者・映画ファン」といった共通関心を有するターゲットが，定期的に福岡に集まり，交流し，つながりを形成し，年を重ねて世代を超えたネットワークを形成してきた．福岡市は時間をかけて，「アジアの創造的知の蓄積」を行ってきたのである．

アジア政策の創造的知の資産を活用し，2000年代になって激しさを増してきたグローバル化時代の都市間競争において，存在感をもって，行き先として選ばれるアジアの都市になる方向に進むことを宣言したのが，2003年策定の『福岡市国際化推進計画』である．しかし，名称をみてもわかるように福岡市は「国際政策」とは称していない．だが，内容をみると明らかに総合的な国際政策へと移行した計画となっている．

２　福岡市における国際政策のフェーズ

『福岡市国際化推進計画』は，「『協力』と『競争』によりアジアの中で共生する都市・福岡―活力あるアジアの交流拠点都市」に向けて，新たに（ⅰ）多文化共生の地球市民の都市，（ⅱ）アジアの知識・文化創造と人材育成の拠点都市，（ⅲ）アジアの問題解決に貢献する都市，（ⅳ）アジア・世界と結ぶゲートウェイ都市，（ⅴ）東アジアのビジネス・物流都市，（ⅵ）アジアの国際集客文化都市という６つの目標を示し，2001年から2015年を第４ステージと位置づけた．

本計画には，地域・都市間競争を意識した「競争」の表現がみられる．アジア政策の展開で蓄積してきた創造的知の資産とネットワークをもとに，分野を選択し資源を集中しながら，アジアから世界とつながり，福岡市が行き先となるような政策を展開していくという意気込みと国際政策から国際戦略への転換・挑戦の萌芽が見受けられる．

計画上では，2015年までが第４ステージであるが，2019年現在から振り返ると，2007年までには，アジアにおける物流と人流の行き先・受け皿となるべく，ハード面では港湾や国際会議場の整備，ソフト面では，アジアの有力港湾や大都市との経済交流協定を結ぶなどして，またアジア内におけるビジネスネットワークの形成の両面からコンベンション機能の充実を図り，2015年の計画完成年度を待たず，概ねの目標指標に到達し，2008年には，次の国際戦略のフェーズに移行し始めたことが確認できる．

3　福岡市における国際戦略のフェーズ

2008年は，福岡市がアジアを超えて「世界から本格的に見つかった」年といってもよい．まずアジア戦略担当（課長）が配置され，アジア政策資産を戦略的に展開する体制を整えた．そして4月には，乗船定員2435名の大型外国クルーズ船が博多港に初寄港し，その後の爆発的なクルーズ観光客増加の第一歩を刻んだ．また6月には，英国雑誌『MONOCLE』にて住みやすい都市17位に選出され，福岡市役所内が驚きで沸いた．その後2018年までランキング25位内に毎年掲載され，2016年には最高位7位まで上昇[2]，福岡市の国際的な知名度向上と，国際都市・福岡としての自信の拠り所となっていった．

さらに，大きな出来事と考えられるのが，国際地域ベンチマーク協議会（IRBC）への参加である．IRBCは，米国シアトルの産学官連携組織の提唱で2008年に設立された知的集約産業に強みを持つ都市を核とした都市圏のネットワークである．

シアトルは参考にしたい10都市に声をかけ，共通の指標をもってお互いの都市をベンチマークしながら，ともに「学びあうコミュニティ」を通じ情報交換し比較しあうことで，地域をより良くしていくことを目標にIRBCを立ち上げた．会員地域は，バルセロナ，デジョン，ダブリン，福岡，ヘルシンキ，メルボルン，ミュンヘン，シアトル，ストックホルム，バンクーバーであり，共通する主な特徴としては，150万～500万人程度の都市圏人口，研究大学があり，住み良さに定評のある経済中枢都市以外に位置する点があげられる．

福岡市は，2007年にIRBCの準備事務局から参加を呼びかけられ，「これは福岡を世界にアピールする大きなチャンスとなる」と考えた．そして，福岡市長が地元財界リーダーとともに，初回シアトル会議に参加したことによって，シアトルやバンクーバーなど，首都から遠く離れた地域ながら世界の有力都市としてブランド力を持つ参加都市の多くが，「国際戦略」「成長戦略」「競争力戦略」等を，産学官民連携と隣接都市からなる都市圏との協働で策定し推進していることを学び，参加によって，産学官民連携のメカニズムを作るきっかけとなしうると考えた．

福岡市の産学官民リーダーは，第2回バルセロナ会議にも参加し，第3回会議を福岡市で開催することを決めた．その際，福岡市がIRBCから得られるものの概要として示したのは，（i）継続的につながって学べる，（ii）著名な都市に福岡を知ってもらえる，（iii）実践プロセスを具体的に知る，（iv）会員都市との多角的な関係強化ができる，だった．

第３回福岡会議では，（iii）を通じてグローバル基準にあう「新たな公共をつくるのだ」という熱意が徐々に広まっていった．この情熱が会議の開催報告会での「産学官民で地域の成長戦略を作っていこう」「新たな組織づくりを検討しよう」という宣言に結びついた．

広域都市圏において産学官民で協働しながら「国際戦略」を策定，実施するための体制・組織づくりが，IRBC 福岡会議の中で合意形成され，2011年４月の福岡地域戦略推進協議会（FDC：Fukuoka D. C.）の設立につながった［山下 2015：198］．

FDC の特徴は，従来型組織との違いにある．主な特徴として次の４つがあげられる，（ｉ）会員が成長戦略の当事者として実践の責任を持って参画していること．（ii）地域団体のみならず世界の実践者とともに継続的に共働していること．（iii）地域戦略が行政計画と連動し民間活力の投入と公共政策の担保が連動していること．（iv）産学官民連携にとどまらず，市民力を成長の源泉に位置づけていること．

FDC は初年度の１年間に徹底した診断と議論によって，2012年４月に「地域戦略」を策定した．2012年度には重点分野から，リーダーが自発的に現れた５部会が抽出され，食や観光などのプロジェクトの企画・推進に着手した．その結果，産学官からの正規会員を数多く獲得しただけでなく，設立当初掲げた KPI（重要業績評価指標）を10年を待たずに達成し，2020年10月に2030年を目標とする「第２次地域戦略」の策定につなげた．新しい地域戦略に掲げられた福岡地域の将来像は「東アジアのビジネスハブ～福岡都市圏は国際競争力を備えたアジアで最も持続可能な地域を目指す～」と変わらないままだが，戦略指針は「交流の質を上げ，都市の成長と生活の質の向上の好循環を確固たるものに～『住みやすい』から『持続可能（SDGs）』な成長へ～」と，「好循環」という表現が加わり，良い方向に自走していくシステムづくりへの意思を強く打ち出した．2024年４月現在は，産業創造部会，都市創造部会，デジタル部会が様々なプロジェクトを推進している[3)]．

おわりに
――国際戦略の発展形としてのグローバルな競争戦略と SDGs――

FDC が策定した地域戦略は，「国際戦略」の定義を充足している．FDC は

2014年には，福岡市と共同で「グローバル創業・雇用創出特区」を国に提案し国家戦略特区に選ばれたことで，「ポスト国際戦略」としてその先に歩み始めた．

国際戦略は，国際化政策から多文化共生分野を分離された形で発展し，成長や競争に勝つ面が強調されがちである．だが，単に競争に勝つだけでは，地域の幸せは保証されない．

近年，自治体においても，持続可能な開発目標（SDGs）への注目が高まり，政策目標に取り入れる都市が増えてきている．SDGsとは2015年９月の国連サミットで採択された「持続可能な開発のための2030アジェンダ」にて記載された2016年から2030年までの国際目標である[4]．自治体の国際化政策が，国からの通達や要請で始まった経緯について述べたが，SDGsは，国連というグローバル社会からの働きかけである．このSDGsという言葉がFDCの第２次地域戦略に明記されたことは当然の動きである．

グローバル競争戦略を先駆的に展開する福岡市は，広域生活圏である九州地域において，産学官民と協力しながら経済的成長を今後も図り続けなければならない．一方で，世界共通の課題を解決していくためのゴールを掲げ，地域の幸福値をあげるような「ポスト国際戦略」を展開していくことが，今後はますます期待され，福岡市はその歩みを進めているといえる．

注

1）Kotler, Haider and Rein［1993］による*Marketing Places*は，日本では，井関利明監訳『地域のマーケティング』というタイトルで出版された．

2）福岡市「Fukuoka Facts」HPを参照．

3）福岡地域戦略推進協議会HPより引用．

4）外務省「SDGsとは」を参照．

参考文献

石丸修平［2014］「産学官民が一体となった「地方創生」の可能性――福岡地域戦略推進協議会（Fukuoka D. C.）をケースに――」『都市政策研究』（福岡アジア都市研究所），16．

福岡アジア都市研究所［2009］「福岡市におけるアジア政策の過去・現在・未来１――中間報告：基礎調査――過去と現在――」．

福岡市［2003］『福岡市国際化推進計画』福岡市．

山下永子［2008］『地方の国際政策』成文堂．

――――［2015］「国際都市ネットワーク活用の有用性と課題の考察――福岡市を中心事例に――」『日本都市学会年報』48.

Boisen. M., Terlouw, K., Groote, P. and Couwenberg, O. [2018] "Reframing place promotion, place marketing, and place branding—moving beyond conceptual confusion" *Cities*, 80, 4-11.

Kotler, P., Haider, Donald H. and Rein, I. [1993] *Marketing Places*, New York : FREE PRESS（井関利明監訳『地域のマーケティング』東洋経済新報社，1996年）．

〈ウェブサイト〉

外務省「SDGs とは」（https://www.mofa.go.jp/mofaj/gaiko/oda/sdgs/index.html，2024年４月５日閲覧）．

福岡市「Fukuoka Facts」（http://facts.city.fukuoka.lg.jp，2024年４月５日閲覧）．

福岡地域戦略推進協議会（http://www.fukuoka-dc.jpn.com/，2024年４月５日閲覧）．

第3章

九州の農業と多様な農産物ブランド

はじめに

この章では，九州経済における農業の位置づけ，九州の農業の概要，多様な農産物ブランド，「博多万能ねぎ」の事例について考察する．九州において，農業は基幹的な産業であり，九州経済において重要な位置を占める．では，どうして九州地域において農林水産業が重要な位置を占めるようになったのであろうか．統計資料から九州農業の特徴を捉え，その要因を考察する．

また，九州には，「博多あまおう」や「佐賀牛」，「太陽のタマゴ」など，多様な農産物ブランドが存在する．これら農産物ブランドが，どうして多種多様に存在するのか，マーケティングの視点から考察する．事例として，「博多万能ねぎ」をマーケティング戦略の視点から整理し，考察する．

なお，この章の九州とは，沖縄県を除く九州本島の7県である．農業は地理的条件の影響を強く受けるため，九州本島と地理的条件が全く異なる沖縄県については対象としていない．統計は，一部を除き，7県の値を使用している．

1 九州経済における農業の位置づけ

表3－1は九州の総面積，総人口，域内総生産，農林水産業などが，日本でどの程度のシェアを持つのかを示したものである．

九州の総面積は，4万2231km²で，日本の総面積37万7972km²の11.2%を占めている．総人口は，1302万人で，日本の総人口1億2693万人の10.3%を占めている．その地域の経済活動の規模を示す域内総生産額（名目）は，47兆9000億円で，日本のGDP514兆2000億円の9.3%を占めている．このように，九州は，面積，人口，経済において，日本のおおよそ1割を占めているのである．

表3－1　九州のシェア

	九州	全国	（シェア）	年次
総面積	42,231km²	377,972km²	11.2%	2016.1
総人口	1,302万人	12,693万人	10.3%	2016.1
域内総生産（名目）※	47.9兆円	514.2兆円	9.3%	2014
小売業年間販売額※	13.0兆円	122.1兆円	10.7%	2013
農業産出額	13,016億円	87,979億円	19.9%	2015
林業素材生産額※	499万 m³	2,066万 m³	24.1%	2016
海面漁業・養殖業漁獲量※	91万トン	462万トン	19.7%	2015

（注）※は沖縄県を含む.
（出所）九州経済調査協会［2018］から作成.

では，農林水産業について見てみよう．農業産出額とは，農業生産活動による最終生産物の総産出額である（農産物の品目別生産量から，二重計上を避けるために，種子，飼料等の中間生産物を控除した数量に，当該品目別農家庭先価格を乗じて得た額を合計[1]）．九州の農業産出額は，1兆3016億円であり，日本の農業産出額8兆7979億円の19.9％を占めている．林業素材生産量とは，立木を伐採し，枝葉や梢端部分を取り除き，丸太として販売された木材の数量である．九州の林業素材生産量は，499万 m³であり，日本の林業素材生産量2066万 m²の24.1％を占めている．海洋漁業・養殖漁業漁獲量とは，漁獲量のうち内水面漁業養殖業漁獲量を除いたものであり，海面で行われる漁業（遠洋，沖合，沿岸）と養殖業の漁獲量を合計したものである．九州の海洋漁業・養殖漁業漁獲量は91万トンで，日本の漁獲量462万トンの19.7％を占めている．このように，九州は，農林水産業で，おおよそ日本の2割を占めているのである．

以上のように，日本の面積，人口，経済では1割に過ぎない九州が，農林水産業においては，日本の2割に相当し，日本の食品供給に重要な役割を果たしている．生産された農林水産物は，生鮮食品として消費されるだけでなく，加工食品の原料や外食の食材となり，食品産業を生み出す．そして，生鮮食品や加工食品が生産されれば，それらを販売する小売業や卸売業，保管・輸送するための物流業も生まれる．また，豊かな農林水産資源は，食事や買い物の対象となり，景観や文化も含め，観光資源として活用される．農林水産業は，九州の他産業を生み出し，九州経済の根幹となる産業である．

2　九州の農業の概要

1　統計から見る九州農業

（１）九州の農業産出額

図３−１は，九州の農業算出額の主要部門ごとの推移である．九州の農業産出額は1990年に過去最高の２兆341億円となるが，以降，日本経済の減速，食料消費量の減少により，2010年に１兆6100億円まで減少した．しかし，2010年から増加に転じ，近年はなだらかに増加している．

部門別にみると，米は1995年の3800億円をピークに減少を続け，2016年には1800億円まで低下している．野菜は増減を繰り返しながら，長期的には増加傾向にあり，2016年には4800億円に達している．果実は2005年の1800億円をピークに減少し，近年は1200〜1300億円で推移している．畜産は1990年以降一旦減少するものの，2005年から増加に転じ，2016年には8000億円を超えるまで成長している．

このように，九州において，米作が減少し，果実が横ばい，野菜と畜産が拡大する傾向にある．米価の下落，地球温暖化，果実消費の減少を背景に，より気候に適合し，高所得が見込める野菜や畜産が成長してきたといえる．

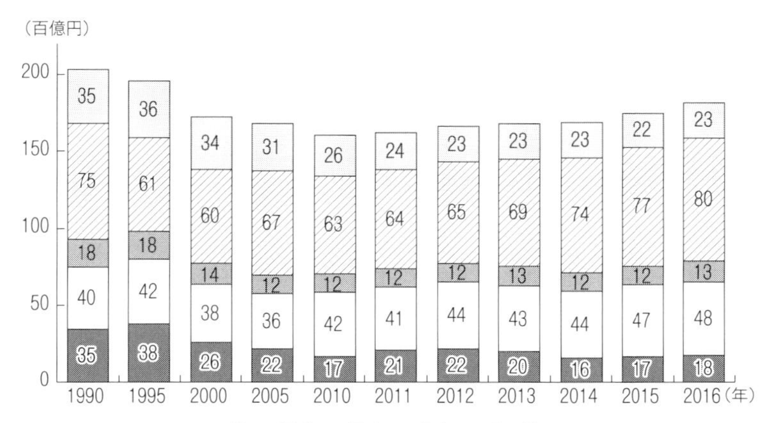

図３−１　九州の農業産出額主要部門の推移

（出所）農林水産省「生産農業食統計」．

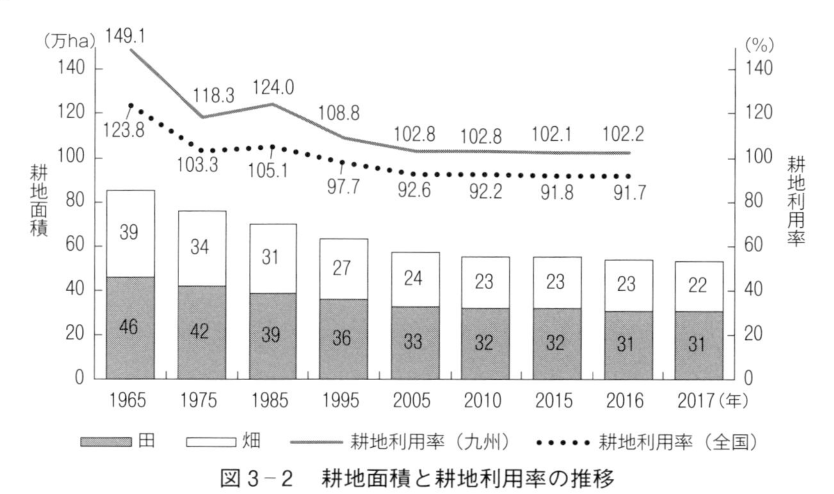

図3－2　耕地面積と耕地利用率の推移

(出所) 農林水産省「耕地及び作付面積統計」.

(2) 九州の農地利用の特色

田とは，農作物の栽培をするための耕地のうち，たん水(耕地に水を張る)・用水が可能なものをいう．畑とは，田以外の耕地のことであり，普通畑，樹園地，牧草地がある．耕地利用率とは，耕地面積のうち，その年の作付のべ面積の割合のことであり，この値が高いほど耕地を有効利用している[2]．

図3－2は，九州の耕地面積と耕地利用率の推移を示している．耕地面積は，1965年に田46万 ha，畑39万 ha，合計84万 ha であったが，田，畑ともに減少し，2017年には田31万 ha，畑22万 ha，合計54万 ha となっている．耕地利用率は，全国，九州とも長期的に減少傾向であるが，常に九州の耕地利用率は全国よりも高い値となっている．これは，九州では温暖な気候を生かし，稲作終了後の水田で，小麦やブロッコリー，レタスなどの野菜を栽培する二毛作が可能だからである．

(3) 九州の農業経営体

一般的には「農業を営む人＝農家」というイメージであろうが，近年は株式会社や農業生産法人，作業受託組合など多様な経営体が農業に参加している．そのため，農林水産省は農業を営む担い手を，世帯単位の農家から，経営体(農家を含む)へと拡大している．

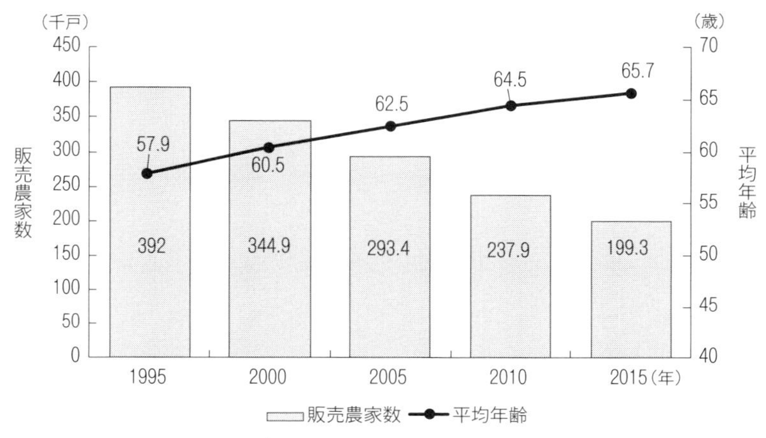

図３－３　販売農家数と基幹的農業従事者の平均年齢の推移

（出所）農林水産省「農業センサス」.

2005年農林業センサス以降では,「農業経営体とは，農産物の生産を行うかまたは委託を受けて農作業を行い,（１）経営耕地面積が30a 以上,（２）農作物の作付面積または栽培面積，家畜の飼養頭羽数または出荷羽数等，一定の外形基準以上の規模（露地野菜15a，施設野菜350m^2，搾乳牛１頭以上など),（３）農作業の受託を実施，のいずれかに該当するもの」と定義している．1990年世界農業センサス以降では,「農家とは，経営耕地面積が10a 以上の農業を営む世帯または農産物販売金額が年間15万円ある世帯．販売農家とは，経営耕地面積30a 以上または農産物販売金額が年間50万円以上の農家」と定義している[3)].

図３－３は，九州の販売農家数と基幹的農業従事者（自営農業に主として従事した世帯員のうち，ふだんの主な状態が「主に仕事（農業)」である者）の平均年齢の推移を示している．1995年の39万2000戸から，2015年の19万9300戸へと，販売農家数は減少を続け，20年間でほぼ半減している．この間，基幹的農業従事者の平均年齢は57.9歳から65.7歳へと，高齢化が進んでいる．

図３－４は，九州の農業経営体数と１経営体当たり経営耕地面積の推移である．2013年以降，農業経営体数は，2017年までの５年間で22万5000経営体から18万8000経営体へと減少している．これは，主に高齢化により販売農家数が減少したからである．一方で，１経営体当たり経営耕地面積は，2013年の1.84ha から2017年の2.17ha へと，短期間にもかかわらず増加傾向にある．農産物販

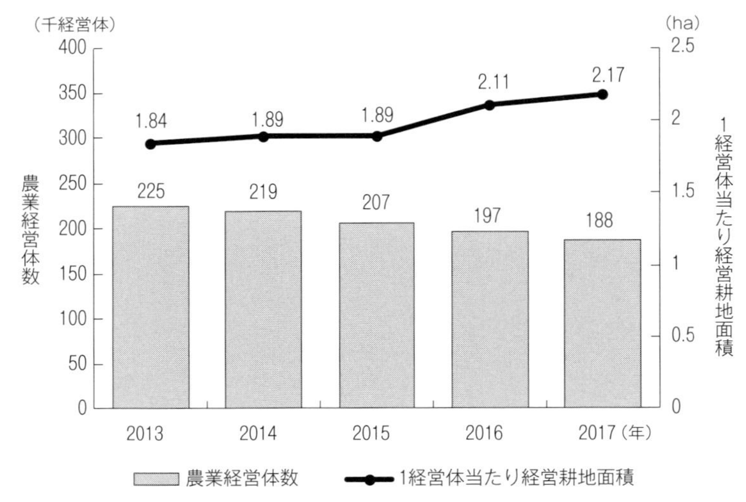

図３－４　農業経営体数と１経営体当たり経営耕地面積の推移

（出所）2017年値は「2015年農林業センサス」，その他は「農業構造動態調査」.

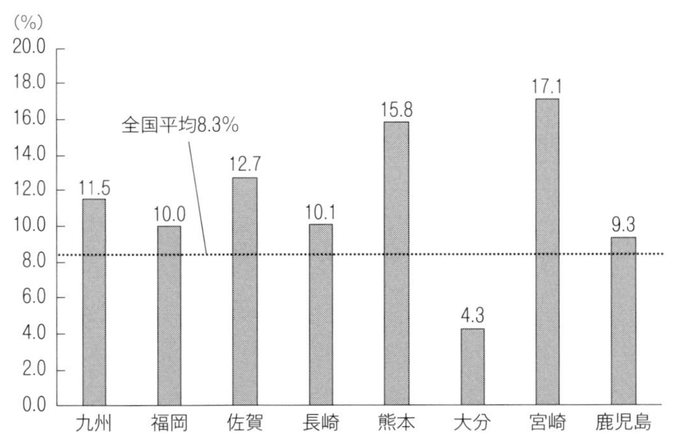

図３－５　農産物販売金額1000万円以上の販売農家の割合（2015年）

（出所）農林水産省「2015年世界農林業センサス」.

売金額１億円以上の法人経営体が1007経営体あり，若手農家や法人などの組織経営体の経営規模が拡大していることが伺える[4].

図３－５は，2015年の九州の農産物販売金額1000万円以上の販売農家の割合

である．全国平均では，販売農家のうち農産物販売金額が1000万円を超える割合は8.3%に過ぎないが，九州では11.5%と，その割合が高い．九州では東北のような大規模稲作農家は少ないが，温暖な気候を生かし，米よりも面積当たり粗収益の高い野菜や果樹の園芸，経営規模が大きい畜産が盛んである．県別に見ると，熊本県の15.8%，宮崎県の17.1%は，突出して高い割合となっている．両県とも，野菜や果樹を生産する法人や株式会社などの大規模経営体が多く，特に宮崎県はブロイラーや養豚などの大規模畜産経営体が数多く存在する．2016年の都道府県別の農業産出額では，鹿児島県（3位，4736億円），宮崎県（5位，3562億円），熊本県（6位，3475億円）が上位10県にランクインしている[5]．

2　九州の農産物流通

九州では温暖な気候を生かし，野菜や畜産を中心に農業生産が活発である．しかし，冒頭で述べたように，九州は日本の2割の農産物を生産するのに対し，消費する人口は1割しかいない．そのため，九州内で需給バランスを取り，九州内で完結した地産地消は困難である．では，九州の農産物はどこで消費されているのだろうか．

野菜であれば，九州内出荷は43.6%であり，関東地方へ20.9%，近畿地方へ21.3%，中国地方へ7.2%が出荷されている[6]．九州外へ出荷される農産物の大部分は，産地のJAから東京都や大阪市など，関東・関西の大都市にある中央卸売市場に出荷され，そこから量販店などへ分荷されていく．

農産物の多くは，生鮮食品であるため，鮮度維持がしやすい産地近隣での消費が望ましい．しかし，大規模な産地ほど，輸送費を支払ってでも，関東・関西の消費圏へ出荷するのである．これは，消費地である関東・関西の方が農産物の販売価格が高く，輸送費を補って余りある，より高い売上高が期待できるからである．高度経済成長期に，農村から都市部へ人口が集中するなか，産地づくり交付金などの政策によって，都市部の食料の安定供給を実現する大規模産地形成が推進された．また，マーケティング戦略によって，東京でブランド農産物として地位を確立し，東京以外でも販売単価を向上させようとする産地戦略の影響も大きい．

次節で扱う多種多様な農産物ブランドは，このような産地のマーケティング戦略によって生み出されたものである．

3 九州の多様な農産物ブランド

1 ブランドとは

ブランドとは，売手の製品やサービスを識別させ，競合する売り手の製品やサービスと区別するための名称，言葉，記号，シンボル，デザイン，あるいはこれらの組み合わせのことである．言い換えると，自社の製品やサービスが他社のものと異なるということを，認識してもらうためのものである．

例えば，Apple 社のスマートフォンには，「iPhone」という名称がついており，日本語表記では「アイフォーン」となる．また，Apple 社の製品には，企業ブランドを示すリンゴのロゴがついている．このリンゴには１つの葉と右側にかじり口がある．世界中の多くの人が，このリンゴのロゴがついた製品やサービスは同社のものであると認識するし，葉やかじり口のデザインが一部でも異なれば，即座に偽物だと判断するだろう．

2 多様な農産物ブランド

農産物には，非常に多くのブランドが存在している．多くの場合，農産物ブランドは，地域，生産者，生産者団体，商標，品種，などを組合せた名称やロゴマークからなる．農産物は，それのみでは他の製品と識別しがたいという性質がある．流通業者や消費者に，他産地の農産物と識別してもらうため，店頭では，袋やシール，ダンボール箱などの包装に，農産物ブランドを示す名称やロゴマークが印字されている．

牛肉は，大きく分けると，和牛（黒毛和種，褐毛和種など日本の在来品種），国産牛（乳用種やＦ１など，和牛以外の国内で生産された牛），輸入牛に分類される．ところが，店頭に並ぶ牛肉には，産地とともに，様々な銘柄がついている．例えば，銘柄和牛には，「松坂牛」「神戸牛」「宮崎牛」「佐賀牛」「佐賀産和牛」などがある．ところが，これらの銘柄和牛は，生物としては，黒毛和種という同一の種である．しかし，産地での飼育方法や血統によって，品質は様々である．銘柄牛を名乗るには，産地や団体がそれぞれ設けた規定を満たす必要があるが，その多くが最終肥育地によるものである．また，流通段階での歩留まりと脂肪交雑の程度を示す等階級であった「Ａ５」などの表記が，消費者に広まったことで，より多様なブランドの規定が生じている．日本食肉センターには，2019

年３月時点で236件が銘柄牛として登録されている[7)]．さらに，小売店や飲食店など，流通段階でつけられたブランドも多数存在する．しかし，一部の銘柄和牛を除いて，消費者には十分に認識されていないのが現状である．

牛肉は品種の少ない農産物であるが，野菜や果実は，品種自体が非常に多い農産物である．これは，農学研究において，マーケティングを前提とせず，生産面で優良な品種を育種することが重視されてきたからである．さらに，同じ品種であっても，都道府県，市町村，JA，経営体レベルで，様々なブランドを設けている場合が多い．それらの組合せ，農産物ブランドとなっているため，その数は膨大なものとなる．一方で，大部分の消費者には認識されていない．膨大な数の農産物ブランドが存在し，認識されることなく乱立する状況が形成されている．

3　考察：なぜ農産物ブランドが生まれたのか

農産物の多くは，生鮮食料品である．そのため，流通手段が未発達であった時代においては，地方で生産された農産物を地方で消費することが前提であった．地方において人口に占める農家の割合が高かった時代は，その農産物がどの地域のものであるのか，識別する必要性が低かったと考えられる．

しかし，全国卸売市場流通において1972年を境に，地方卸売市場から中央卸売市場への移行が顕著に進展しており［藤島 1986：42–43］，産地の出荷先が地方から都市部へとシフトしたのである．経済発展が進み，都市部での食料消費が拡大し，産地にとって，都市部でいかに農産物を販売するかが重要な課題となった．都市部には全国の様々な産地から農産物が集荷されるようになり，都市部での産地間競争を勝ち抜くため，産地は他産地との差別化を図ろうとしてきた．

食料消費が拡大していくなかで，この役割を主導してきたのが，各地の単協，経済連，全農などの農協組織による系統共販であった［藤島 1986：56–57］．これらは，複数の生産者を取りまとめ大ロットを形成し，営農指導により品質向上と安定生産を促し，規格化によって品質の平準化を図った．そのため，系統共販は大量の農産物を定量定質で供給することに優れている．他方で，小ロットで識別しやすい特徴を強調する差別化は劣っている．

近年は，食の高級化，多様化，簡便化，健康・安全指向が進展し，農産物についても，ただ腹を満たす以上の意味合いを求める消費者が増加［時子山・荏開津・中嶋 2013：51-52］し，消費者ニーズが多様化している．多様な消費者ニーズに対応するべく，法人や企業，農家が，自らの農産物ブランドを立ち上げることも珍しくない．マーケティングの理論や手法がより一般的に普及し，インターネットの普及で農家や小規模経営体でも直接販売が容易になった．経営体の経営規模が拡大し，農協系統組織に頼らずとも，農業経営体がマーケティングに取り組みやすい環境が整っている．

4 ケーススタディ：「博多万能ねぎ」のマーケティング戦略

1 「博多万能ねぎ」の由来

「博多万能ねぎ」は，JA 筑前あさくら管内（福岡県朝倉市，筑前町，東峰村）で生産される小ネギ（青ネギ，細ネギ）の一種である．風味と日持ちの長さが特徴で，生のまま薬味にしたり，加熱して煮物や炒め物にしたり，幅広く使われている．

同 JA で「博多万能ねぎ」の生産が始まったきっかけは，福岡県では低価格の小ネギが，関東では高価格で販売されている事実を発見したことである．1976年，当時の旧朝倉町農協（現在は周辺 JA と合併）組合長と旧福岡県園芸連（現 JA 全農ふくれん）東京事務所長が，東京都内の小売店で小ネギの一種である「あさつき」が400円/100g で販売されていたのを見つけた．データの制約上，当時の正確な卸売価格や小売価格は不明だが，1984年東京都中央卸売市場の小ネギの平均単価が888円/kg であった[8]．また，2019年３月の青ネギの東京23区平均店頭小売価格は1651円/kg であった[9]．これらから，当時の「あさつき」がいかに高価格であったのかが推測される．同農協は，以前から小ネギ苗を生産し，一部を福岡県内の卸売市場に小ネギとして販売していた．これをもとに生産部会を立ち上げ，出荷規格を定め製品化し，1977年から「博多万能ねぎ」の名称で販売を開始した．1978年には生産部会が「万能ねぎ」の商標登録申請を行っている．

2 「博多万能ねぎ」のマーケティグ戦略

「博多万能ねぎ」のターゲットは，首都圏の飲食店や潜在的な消費者であった．当時，関東では，ネギといえば長ネギ（白ネギ）を指し，小ネギの消費量は少なく，関東近隣の「あさつき」など競合商品も少なかった．「博多万能ねぎ」は，徹底した鮮度管理を武器に，高級品としてプロモーションし，競合する小ネギとの差別化を図った．また，ありとあらゆる料理に使える万能性を強調することで，日常的に消費される葉茎菜へと位置づけを変えた．このように，「博多万能ねぎ」は1977年以降の関東の小ネギ市場というニッチ市場を開拓し，ポジションを変えることで，市場自体を拡大した先駆者といえる．

製品戦略の特長として，「博多万能ねぎ」の商標登録，棚持ちをよくする品質管理，他産地と識別できる包装がある．生産者部会が「博多万能ねぎ」の名称を商標登録しており，仮に他産地や流通業者が同品種の小ネギを生産・販売しても，決して「万能ねぎ」という名称をつけることができない．農産物マーケティングで問題となる，模倣を法的に防止しているのである．

ネギの品質管理に大きな影響を与えるのが「ねぎ揃え」と呼ばれる収穫後の調整作業とその後の温度管理である．「ねぎ揃え」は，収穫後に水洗いし，1本ずつ手作業で外葉を取り除いていく，非常に労働集約的な作業である．生産者は選別後，発泡スチロール箱で農協の選果場や支所に持ち込み，専門の検査員による品質検査を受ける．低品質の商品を出荷し品質検査の結果が悪ければ，生産者の手取りが減少する仕組みである．検査後，既定の容量ごとに袋詰めされ，発泡スチロール箱に入れられ，出荷まで最低8時間以上大型予冷庫で予冷される．

袋には，「博多万能ねぎ」のロゴ，「JAL カーゴ」（航空機輸送で提携する株式会社日本航空（貨物部））のロゴマーク，「生でよし，煮てよし，薬味によし」のキャッチフレーズが印刷されている．あえて福岡ではなく「博多」としているのは，ターゲットとなる関東の消費者に産地を強く印象づける，旧福岡県園芸連の戦略である．「JAL カーゴ」のロゴマークは，空輸による鮮度保持と高級感をアピールしている．当時は，飛行機という輸送機関が，庶民にとっては，まだまだ高級であった．キャッチフレーズは，あらゆる料理に活用できるという万能性を，より具体的にイメージさせる効果がある．

「博多万能ねぎ」は，卸売市場で相対取引によって価格決定される．生産部会は，関東・中部・近畿地方の出荷先市場および市場別の出荷量調整を，JA 全農ふくれんに一任している．JA 全農ふくれんの東京・大阪の駐在事務所が，産地から送られてくる出荷見込数量をもとに，定期的に市場の担当者と価格・数量の調整を行っている．これによって，他産地の小ネギより長期的に安定した高価格（2018年東京都中央卸売市場の小ネギ平均単価は，入荷全体で948円/kg に対し，福岡県産は1098円/kg)[10] を実現している．

鮮度を維持するため，「博多万能ねぎ」は，産地段階での十分な予冷と，関東・関西への航空機輸送を行っている．航空機輸送は1978年から開始され，関東の卸売市場でも収穫翌日の取引が可能である．産地とJALとの長年にわたる提携関係から，2017年7月の九州豪雨後には，同社は被災した産地を応援するため，「博多万能ねぎ」がデザインされた機体を運行した[11]．

安定した需要創出のため，JA全農ふくれんは川下の消費者に向け，様々なプロモーションを積極的に取り組んできた．1979年にはラジオ広告，1985年にはテレビCMが開始，1986年にはJAL機内エアービデオでのCM放送が実施されている．現在では，他の農産物ブランドでもマスメディア広告を実施しているが，当時としては先駆的な取組みであった．現在も，量販店での店頭試食やインターネット広告，食品企業とのコラボレーション企画など，多様なプロモーション活動を実施している．プロモーションによって「博多万能ねぎ」は広く認知されており，関東の消費者は，他産地の小ネギであっても，細く青い小ネギを一般名詞のように「万能ねぎ」と呼ぶことが多い．

3　まとめ

「博多万能ねぎ」では，ターゲッティング（販売対象市場の選定），ポジショニング（市場における商品の位置づけ）に合わせ，製品，価格，流通，プロモーションのマーケティング・ミックスが，効果的に展開されてきた．ニッチな1977年当時の関東の小ネギ市場に参入し，ニッチな薬味から万能性のある葉茎菜へと位置付けを変え，市場を拡大した．高品質な製品を航空機輸送し，商品の高品質と高級感を武器に差別化し，関東の消費者に識別しやすいようにマーケティング・ミックスを構築した．販売以来40年にわたるマーケティングにより，高級ネギとしての地位を確立し，消費者が，他産地の小ネギぎを「万能ねぎ」と呼ぶほど，そのブランドが浸透している．

おわりに

この章では，九州経済における農業の位置づけ，九州の農業の概要，多様な農産物ブランド，「博多万能ねぎ」の事例について考察した．

第1節では，統計資料から，九州は総面積，総人口，域内総生産において，日本のおよそ1割を占め，農林水産業の分野では日本の2割を占めることを示した．それらは，食品産業や流通業，観光業の資源となり，基幹的な産業として，九州経済において重要な位置を占める．

第2節では，統計資料から，九州の農業の特徴を整理し，農業が九州の基幹的産業となった要因を考察した．その要因は，温暖な気候を背景とした，野菜や畜産経営の進展であった．大規模産地を形成し，生産物の半数以上が九州外へ出荷され，東京や大阪などの大都市圏における食料供給の一端を担っている．

第3節では，九州の多様な農産物ブランドが生まれた要因を考察した．農産物そのものが，同品種や同類のものと識別しがたい特徴がある．それでも消費者に識別してもらうため，産地は農産物ブランド生み出している．しかし，品種，産地などの組合せは膨大にあり，大部分が消費者に認識されることなく乱立している状況が生まれている．

第4節では，「博多万能ねぎ」を事例に，マーケティング戦略の視点から分析した．「博多万能ねぎ」は関東の消費者をターゲットに，マーケティング・ミックスを構成し，販売から40年を経過した今でも，高い認知度と安定した取引を実現している．

今後も九州の農産物は，九州経済の根幹として重要な位置を占めるだろう．また，多様な経営体によって，九州内外の消費者をターゲットに，多様な農産物ブランドが生まれ続けるだろう．しかし，その大部分は認識されず，「博多万能ねぎ」のように，高い認知度を継続することは容易ではない．近年では，日本の農産物輸出を拡大しようとしているが，産地以外の第三者が，海外で日本の農産物ブランドを商標登録し，輸出の障害となる問題も散見される．立ち上げた農産物ブランドをどのように維持・発展，管理していくのか，産地にとって重要な課題である．

注

1）農林水産省［2018］を参照．
2）同上．
3）同上．
4）九州農政局［2018］を参照．
5）同上．

6）同上.

7）日本食肉消費総合センター「銘柄牛肉検索システム」(http://jbeef.jp/brand/, 2019年３月24日閲覧).

8）農畜産業振興機構「野菜情報総合把握システム」(https://vegetan.alic.go.jp/list.html, 2019年３月27日閲覧).

9）同上.

10）同上.

11）『西日本新聞』朝刊2017年12月９日「朝倉産ネギ　空から応援　JAL，デザイン入り機体運航　九州豪雨」.

参考文献

九州経済調査協会［2018］『図説九州経済　2018』九州経済調査協会.

九州農政局［2018］『見たい！　知りたい！　九州農業2018』.

時子山ひろみ・荏開津典生・中嶋康博［2013］『フードシステムの経済学　第５版』医歯薬出版.

農新水産省「2018」『平成29年度食料・農業・農村白書』.

博多ふるさと野菜を語る会編［2009］『博多ふるさと野菜』弦書房.

藤島廣二［1986］『青果物卸売市場流通の新展開』農林統計協会.

細野賢治［2009］「“博多万能ねぎ” にみる農産物地域ブランド化のための主要方法」，藤島廣二・中島寛爾編著『実践農産物地域ブランド化戦略』筑波書房.

第4章

九州地方の離島航路の現状と課題

はじめに

九州地方には多くの有人離島があることから，離島住民のための生活を支える公共交通機関として，多くの離島航路が整備されている．離島航路は島民にとって，本土または離島間を結ぶ生活の足であり，欠かすことができない公共交通機関である．一方で，多くの離島においては深刻な少子高齢化や島外への人口流出に伴う人口減少が著しく，航路利用者の減少など，離島航路を取り巻く環境は大変厳しい状況にある．

本章では，九州地方における離島航路について，その現状と課題について論じるとともに，離島航路の維持・確保について考えていきたい．

1 離島航路について

離島航路は全国で283航路[1)]あり，本土と離島，または離島相互間を結び，離島住民の移動や生活物資の輸送などを行う航路である．離島航路は島民にとって，本土または離島間を結ぶ生活の足であり，欠かすことができない公共交通機関である．一方で，多くの離島においては深刻な少子高齢化や島外への人口流出に伴う人口減少が著しい状況にある（図4－1）．

そのため，離島航路の輸送人員がここ20年で約３割減少しており，航路運営事業者や地方公共団体にとって厳しい経営環境であり，航路の維持が困難な状況になっている［国土交通省海事局 2023］．

その維持・確保を図るために，国土交通省は離島航路整備法に基づき，赤字航路に対する運航費補助等を行っている．補助対象航路は126航路あり，運航費補助（欠損に対する補助）や構造改革補助（経営診断等で問題点や課題を把握した上，

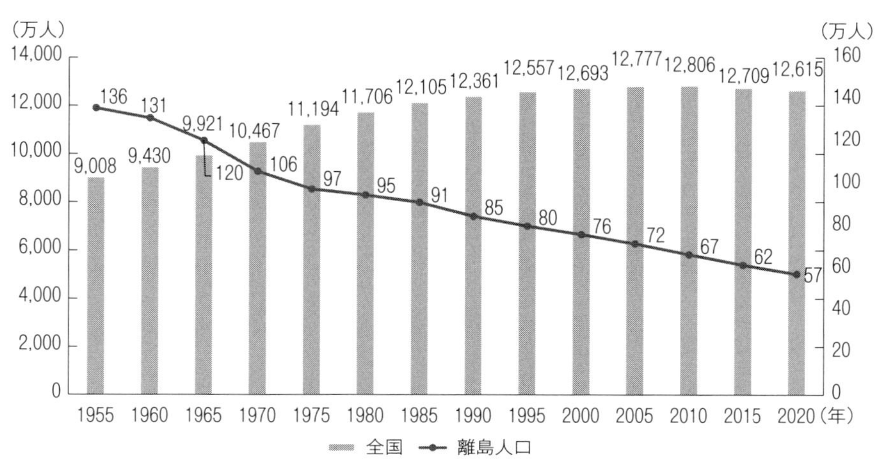

図４－１　日本全国及び離島の人口の推移

（出所）公益財団法人日本離島センター［2023］2021離島統計年報より筆者作成．

経営状況の改善や運航コストの削減に繋がる船舶の代替建造に対する補助），公設民営化への補助（地方公共団体が船舶を保有し，これを事業者等に貸し渡すことでコスト削減につなげる取り組みに対する補助），離島住民向けの運賃割引への支援を行うこととしている[2)]．

補助航路となる条件は，航路が唯一かつ赤字の航路であることである．これらの補助を受けている航路のことを国庫補助航路と呼ぶ．また，国からの補助に加え，地方自治体が補助を行っている場合も多い．

2　九州地方の離島航路の現状

九州地方には多くの有人離島があり，法律指定有人島数は110島，人口は271,870人である（2020年４月１日現在）．特に長崎県（51島），鹿児島県（28島）が多い（**表４－１**）．

これらの島に居住する住民のための生活を支える公共交通機関として，多くの離島航路が運航されている．2023年４月１日現在，九州地方[3)]には83航路の離島航路があり，そのうち49航路が国庫補助航路である．離島航路における国庫補助航路の割合は59.0％であり，中国地方，四国地方の離島航路と比較して，

表４－１　九州における法律指定有人島数について

	法律指定有人島数	人口
福岡県	8	1,738
佐賀県	7	1,203
長崎県	51	113,056
熊本県	6	2,584
大分県	7	2,950
宮崎県	3	719
鹿児島県	28	149,620
九州計	110	271,870
全国計	308	574,772

（出所）公益財団法人日本離島センター[2023] 2021離島統計年報より筆者作成.

その割合が高いのが特徴である.

近年,国庫補助航路に追加される航路が増えており,九州地方においては2016年から現在（2023年４月１日）にかけて４航路が追加された．2022年に長崎県五島市の富江～黒島航路が国庫補助航路から外れたが,これは島民が１人となり,定期航路が2022年９月30日に廃止されたことによるものである.

国庫補助航路の旅客数を図４－２に，損益額を図４－３に示す．国庫補助航路は追加，廃止があることから，航路数が一定ではないため，年ごとの同一の比較はできないが，旅客数は新型コロナウイルス感染症の影響で2020年に大きく減少している．また，損益額は2016年以降，増加傾向にあり，離島航路の経営の厳しさを示している.

2019年に発生した新型コロナウイルス感染症の影響により，多くの離島では来島自粛の要請を行ったことから，急激な航路利用者の減少が生じた．九州運輸局が毎月とりまとめている「九州のうんゆ」に掲載されている離島航路の主要12社16航路の利用者数の推移について図４－４に示す．新型コロナウイルス感染症の影響により，2020年の乗客者数は2019年と比較し59.1％になり，大きく減少するなど，厳しい状況に拍車がかかっており，現状においても回復していない状況にある.

このように離島航路の取り巻く環境が厳しい中で，航路運営事業者が撤退するという事態も生じている．2021年５月に大分県津久見市の津久見港と保戸島

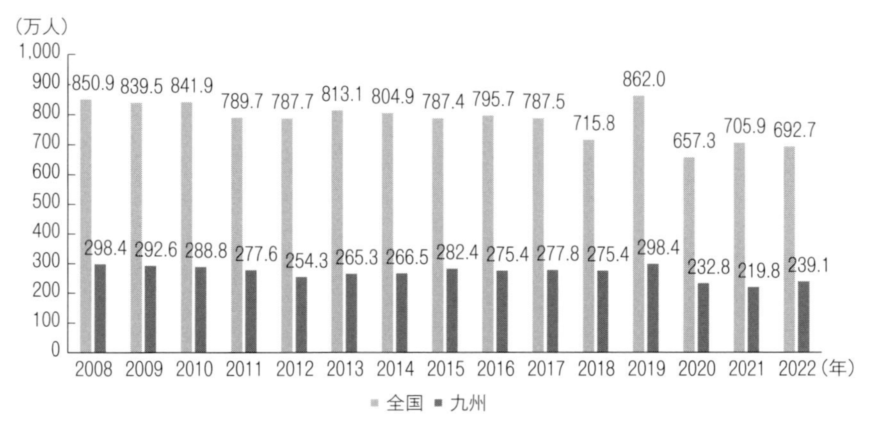

図4－2　国庫補助航路の旅客数の推移

(注) 国庫補助航路は年によって異なる場合があり，同一の比較はできない.
(出所) 九州運輸要覧より筆者作成.

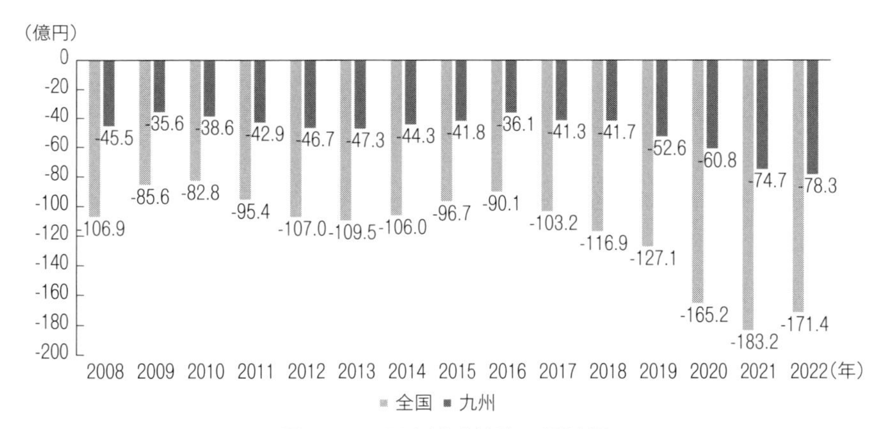

図4－3　国庫補助航路の損益額

(注) 国庫補助航路は年によって異なる場合があり，同一の比較はできない.
(出所) 九州運輸要覧より筆者作成.

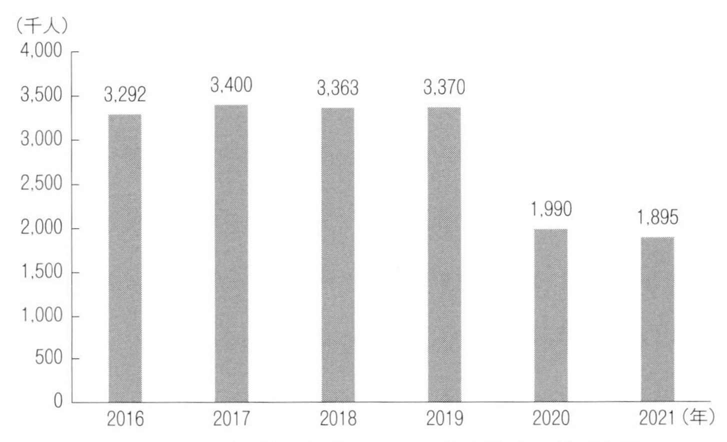

図４－４　九州運輸局管内における離島航路の利用者数

（注）主要12社16航路.
（出所）国土交通省九州運輸局「九州のうんゆ」より筆者作成.

を結ぶ保戸島航路を運航する民間事業者が撤退を表明し，最終的に津久見市に経営が移管される事態が生じた（[行平2023] に経緯がまとめられている）．保戸島航路の撤退の理由は「運航管理者及び職員，船員の高齢化，船員の確保や経理を含めた国庫補助事業に対する複雑な書類の作成など，現体制での対応が厳しい状況となったことなど」と説明されている[4)]．同じ時期に大分県佐伯市の蒲江～屋形島・深島航路においても民間事業者が撤退する事例があり，保戸島航路と同様に，市が事業主体となり，経営が移管された．

また，近年，実際に航路が休止された事例も散見されている．中国地方の事例であるが，岡山県笠岡市の伏越港と白石島を結ぶフェリー航路においては，航路運営事業者が2023年８月に撤退を表明し，同年12月30日の運航を最後に休止した．このフェリー航路は白石島にある唯一の商店が仕入れのトラックの輸送に利用するなど，島民の生活において欠かすことのできない航路であり，廃止による影響が懸念され，大きな問題となった．なお，この問題については，関係者の努力により，伏越港と北木島を結ぶフェリー航路が白石島に寄航することとなり，現状においてフェリー航路が維持されている．

このように離島航路の運営事業者の撤退や航路が休止・廃止される事例が近年生じていることから，島民の生活を守るために離島航路の維持・確保が重要である．離島航路の民間事業者の撤退については，奥野［2011］が「民営については燃料費の高騰や自然災害による船舶の損失や大幅な旅客の減少による資金不足等による経営継続不可能な状況に陥る事が考えられ，即航路が休止される事態も予測される」と指摘している．また，これらに加え，運航管理者，船員の高齢化，担い手不足など様々な問題があり，離島航路を取り巻く状況はさらに厳しくなっている．特に担い手不足は大きな問題である．船員の有効求人倍率は年々増加しており，2022年においては3.45倍[5)]と高く，船員の確保が容易ではない状況にある．

3 離島航路の維持・確保のために

航路維持・確保のために，航路事業の経営改善を行うことが重要である．経営改善として，利用者数の増加により収入を増加させる方策や省エネによる燃油コスト削減など経費削減を行う方策があり，これらの改善の方法については九州離島航路経営改善ガイド［国土交通省九州運輸局 2018］に整理されている．本章では離島航路の維持・確保の取り組みとして，（1）交流人口を増やす取り組み，（2）適正規模の船舶へのリプレイスの取り組みを例として紹介する．

1　交流人口を増やす取り組み

松本［2002］は「離島人口の継続的な減少は需要客体としての輸送人員の減少となり，離島の産業を衰退させ，航路事業者の経営を圧迫する．近い将来航路の市場規模拡大は観光産業などによる交流人口の増加以外にはその可能性は極めて小さいと予想される．」と述べている．この認識は現状においても変わらず，航路の利用者数を増やすには交流人口，特に観光客を増加させることが重要であると考える．

観光客を増加させるための取り組みとして，島の魅力を発信するなど様々な取り組みがあると思われるが，ここでは筆者が関わっている航路の事例について紹介したい．

大分県津久見市保戸島では，津久見市，津久見市観光協会，大分県中部振興局の職員らのチームとなり，島内において「保戸島わくわく会議」を立ち上げ，島民とワークショップを行った．そのワークショップにより出された意見を受け，島民主体により島初のイベントである「VICOLO 保戸島つまみ食い路地」を2019年11月24日に開催した．イベントでは島で食べられていたマグロの頭を

写真４－１　「VICOLO 保戸島つまみ食い路地」のお見送りの様子

（出所）津久見市提供.

使った「かぶと汁」などの料理が食べられるブースを設けるとともに，島歩きスタンプラリーなど様々な取り組みを行った．その結果，島内外から200名近くが訪れ，島として観光振興を行っていく機運が高まった（写真４－１）．

しかし，この後，新型コロナウイルス感染症により，観光に関する取り組みは一時期休止となり，緊急事態宣言下においては来島自粛を呼び掛ける時期もあった．その後，2023年５月８日から新型コロナウイルス感染症が第５類感染症に移行したことを受け，2024年３月23日に第２回目のイベントを開催することができた．イベントは一過性のものではあるが，島民の観光に対する意識が向上することが狙いの一つであり，観光振興の機運が再度高まっている状況にある．

次に福岡県宗像市の神湊港と大島を結ぶ大島航路の事例である．宗像市大島が取り上げられた動画がSNS（Instagram，TikTok）に注目が集まった影響により，観光客が増えたことで航路利用者が増加し，2023年３月にはコロナ前の2019年比で146％増（１万5021人→２万1987人）となった．島民の方も観光客の増加を実感しており，「若い人が増えてきた」と口々に話しており，観光客が増えたことで，土日には行列ができる飲食店もあるとのことであった．SNSの影響は瞬間的かもしれないが，離島航路に利用者が増加した好例であり，情報発信を工夫することにより，航路利用者を増加させることができることが示された例である．

もちろん，観光振興を行うには島民の理解や観光客を受け入れられるキャパシティーを考慮することが重要であると言える．

2　適正規模の船舶へのリプレイスの取り組み

経費削減の一環として，適正規模の船舶へのリプレイスとして，小型船舶(20トン未満）に転換する事例が散見されている．国土交通省九州運輸局［2018］によれば，「これまで航路の維持を続けていた地域では，20～30年が経過する老朽化した船舶を抱えており，消費燃料が大きな旧式の船舶，老朽化に伴う修繕費用の増加など，航路維持に係る問題のひとつとなっている．船舶の更新に際して，離島人口の減少とともに低下を続けている離島航路の需要に応じて，適切な規模の船舶に切り替え，燃料費・修繕費等のコスト削減を図る.」とある．

九州運輸局管内では5航路において，小型船舶にリプレイスされている事例がある．事例について**表4－2**に示す．小型船舶にすることにより，建造費を削減するとともに，燃料費や修繕費などのランニングコストを削減できることが示唆されている．しかし，小型船舶化については航行時の揺れや欠航率が増加することを島民が懸念するなどの課題もあることから，安定的な航路運航を考慮した上で適正な船舶の大きさを検討するとともに，島民を含む関係者との

表4－2　小型船舶にリプレイスされた事例について

就航年月	事業者名	航路名	船名	トン数
2012年3月	嵯峨島旅客船(有)	嵯峨島（長崎県五島市） ～貝津（長崎県五島市）	さがのしま丸	35t→19t
2013年6月	佐世保市	神浦（長崎県佐世保市） ～寺島（長崎県佐世保市） ～柳（長崎県小値賀町）	みつしま	29t→19t
2015年6月	唐津汽船（株）	神集島（佐賀県唐津市） ～湊（佐賀県唐津市）	荒神丸	58t→19t
2019年4月	下関市	竹崎（山口県下関市） ～六連島（山口県下関市）	六連丸	49t→19t
2022年4月	（有）黄島海運	黄島（長崎県五島市） ～福江（長崎県五島市）	おうしまⅡ	42t→19t

（注）トン数は左がリプレイス前のトン数，右がリプレイス後のトン数

（出所）筆者作成．

十分な協議が必要であると言える．

また，小型船舶にすることで船員確保が容易になる可能性が示唆される．総トン数20トンを超える船舶では6級海技士以上の資格が必要である．しかし，小型船舶であれば小型船舶操縦士の免許（特定操縦免許）で運航ができることから，海技士免状取得者に限った募集に比べ，採用できる人材を広げることができる．

なお，2022年4月23日に発生した知床遊覧船事故を受けた「海上運送法等の一部を改正する法律」による船舶職員及び小型船舶操縦者法の改正に伴い，2024年4月より「特定操縦免許」の制度が改正され，一定の乗船履歴がない場合に船長として乗船できる航行区域が平水区域に限定されるなどの変更が生じている．

おわりに

離島航路は島民にとって欠かすことのできない公共交通機関であり，今後もその維持・確保を行っていくことが重要である．しかし，これからさらなる離島人口の減少が予想される中，離島航路の維持・確保には大きな困難が伴うことが想像できる．

維持・確保を図るためには航路改善などあらゆる取り組みが必要であるが，その取り組みにより，島民が大きな影響を受けることもあり得る．例えば，減便による航路改善を図った場合，たとえ一便の減便であっても，通勤や通学，通院など普段の生活が困難になる場合もある．そのため，何より，島民への丁寧な説明や合意形成が極めて重要であると考える．

注

1）2023年4月1日現在，令和5年度版九州運輸要覧による．

2）補助制度に関する記述は国土交通省海事局［2023］から引用．

3）九州の離島航路数などについては，九州運輸局の管轄である山口県西部を含む．

4）津久見市議会（令和3年度第3回定例会（2021年9月15日））の会議録より抜粋．

5）令和4年船員職業安定年報（国土交通省海事局船員政策課）による．

参考文献

奥野誠［2011］「離島航路の現状分析と将来展望」『海運経済研究』45.

国土交通省海事局［2023］「海事レポート2023」国土交通省海事局.

国土交通省九州運輸局［2018］「九州離島航路経営改善ガイド～離島航路の活性化・再生に向けて～」国土交通省九州運輸局海事振興部旅客課.

公益財団法人日本離島センター［2023］「2021離島統計年報」公益財団法人日本離島センター.

松本勇［2002］「需要調整の廃止と離島航路への競争事業者の参入」『長崎県立大学論集』36（3）.

行平真也［2023］「民間事業者が撤退した離島航路事業の公営への経営移管について――大分県津久見市保戸島航路を対象として――」『地域共創学会誌』（九州産業大学），10.

第5章

交流創造型地域づくりと旅行業

はじめに

人口減少社会に突入している日本は，東京一極集中を是正し，活力ある地域づくりに向けた政策を強化している．実現に向けた政策の柱は，地方に仕事をつくることや地方へ新しい人の流れをつくることにある．定住人口の減少は，地域内における消費の減少につながるため，それらを補うために交流人口を拡大する「観光振興」に期待がある．また，観光振興は単に観光客数を増加させるだけではなく，選ばれる地域となるために地域資源に磨きをかけることにより，付加価値の高い商品・サービスを提供する観光資源が生まれる．観光資源は，食，伝統工芸，歴史や文化，産業施設等多岐に渡り，それらが活発に生産・消費されることは，地域の産業振興そのものであり，域内経済循環を高める効果がある．本章は地域づくりの手段として交流人口拡大に取り組む地域の活動を「交流創造型地域づくり」と捉える．

一方で，交流創造に取り組む地域は多く，成果に結びつけていくためには，観光資源を認知させていくためのプロモーション活動や交通手段の確保，地域での過ごし方の提案を消費者へ届ける流通の仕組みが必要となる．便利で快適な人の移動・交流の仕組みづくりは旅行業が担ってきたが，地方における観光振興においては，より地域に根差す旅行業者が必要となる．なぜなら，旅行者の旅行経験は高まり，かつインターネットを通じて容易に情報が取れる時代であることから，旅行者ニーズは多様化・高度化している．こうしたニーズに対し満足そして感動を提供していくためには，地域を熟知し，地域関係者の協力によって新たな付加価値が生まれるような商品・サービスを提供することが望まれるからである．本章では，旅行者の誘致を主な目的に地域側に立脚する旅行業者を地域密着型旅行業と捉え，新たな観光形態（ニューツーリズム）が提唱され始めた2000年前後からの九州観光における旅行業の構造変化と交流創造の取り組みを概観する．

1 九州観光とニューツーリズム

1 ニューツーリズムの特徴

ニューツーリズムとは，物見遊山的な観光旅行に対して，テーマ性が強く，観るだけでなく体験し，地域の人々との交流要素を取り入れた新しい形態の旅行を指す．そのテーマは，長期滞在型観光，エコツーリズム，グリーンツーリズム，産業観光，ヘルスツーリズム等多様である．九州はかつて「観光王国九州」と言われたように，観光振興の取り組みが盛んな地域である．また，九州経済の特徴として全国の「1割経済」と言われるが，第1次産業の生産高が全国の約2割と大きいことから，農林水産業を活用したニューツーリズムの開発は強みとなる．よって，九州各地では，豊かな自然や温泉，産業資源を活かし，体験型旅行や農村民泊，まちあるき等，観光交流を生み出す地域資源の発掘・磨き上げが行われている．具体的には，1996年の安心院町グリーンツーリズム研究会の発足や2001年の別府「オンパク（別府八湯温泉泊覧会）」，2006年の「長崎さるく博」，2007年のNPO法人おぢかアイランドツーリズム協会の活動開始等，全国に先駆けた観光振興の取り組みが始まった．

こうした取り組みの特徴は，地域側からの発想・発意にあり，ガイドブックで紹介されていない希少な観光資源の活用や住民の積極的参加がみられる．一方で，取り組みの認知を高め，集客につなげていくためには，旅行会社や広告代理店等，地域内外のパートナーが保有する営業力や情報媒体を活用し効果をあげている．よって，ニューツーリズムは，旅行形態が新しいだけではなく，あくまでも地域側が主体となり，地域内外の関係者が目的を共有の上，協働して交流を創造するという「旅行の創り方」においても，新しい仕組みと言える．

2 ニューツーリズムと旅行業

ニューツーリズムの動きは，大手旅行業者の営業戦略においても魅力的な素材であった．その魅力は，旅行者の求める旅行の質が高まる中で，陳腐化しつつある旅行商品に新たな付加価値を付けることができる点，旅行会社を通さずインターネットによる旅行予約が増加する中で，付加価値の高い商品・サービスの提供は，旅行会社離れを食い止めることにつながる点である．また，地域との協働によって，地域の商品企画のコンサルティングや人材育成，プロモーション支援，自治体の観光政策アドバイス等，地域との関係づくりとそこから派生する旅行以外の事業へ領域の拡大が図れる点にある．

だが，ニューツーリズムは，これまで旅行業者の商品素材とは縁が遠かった農山漁村地区や工場の現場等をフィールドに展開されるがゆえに，旅行業者の成長と経営基盤を支えてきた大量販売に必ずしも向かない．また，少人数で比較的安い単価の参加料で実施しているプログラムが多いため，個人旅行に向けた商品企画や販売の手間と収益性を考えると旅行業者単独で地域資源を磨き上げ，自社の商品化と販売店への流通網を構築していくことに難しい側面があった．

一方で，農村民泊を利用した体験型教育旅行のような団体旅行は，大手旅行業者が学校から受注することが多いことから，その営業力が活かされる分野である．農村民泊に取り組む地域は，学校単位で受入可能な体制づくりを進めてきた地域に限定されるが，一回の旅行で多くの集客が見込まれ，一度来訪した学校はリピーターとなる可能性もあることから，双方のニーズが合致する．だが，農村民泊の受け入れ業務は，地域内で受入農家を募り，滞在中の農業体験や生活指導，終了後の費用清算等多岐にわたる．また，例えば，忌引きで急に受入農家の都合が悪くなった際は，代案として新たに受入農家を探さないといけない．このような調整は地域内の人間関係があって成り立つものである．よって都市部の旅行業者では務まらず，旅行に必要な宿泊，食事，体験の手配を行うランド・オペレーター機能を持ち，地域での業務を仕切る地域密着型の受入組織があってこそ，送客側の旅行業者との取引による体験型教育旅行が実現するのである．

このようにニューツーリズムの流通促進においては，地域に密着し，地域内外の関係者を結ぶコーディネート役が不可欠であり，その担い手のあり方は一様ではないが，地域観光協会やNPO法人，まちづくりに取り組むベンチャー企業に期待があった．さらに，そのような組織が旅行業の機能を保有すれば，自ら地域内の旅行商品をつくり，販売することで，地域経済への波及を高めることが可能となる．だが，旅行業を始めるには行政機関への登録のみならず，旅行業法で定める基準資産が必要であり，限られた経営資源で運営する組織が多い中で準備することは容易ではない．一方，すでに旅行業登録を行っている地場の中小旅行業者が担い手となることも可能であるが，事業内容の多くは発営業（事務所のある地域から地域外への旅行販売）が中心であり，事業性がみえにくい新規事業には積極的に動けない．このように地域に密着した担い手組織が不足する中，国は旅行業機能を持ち，地域内外の関係者のコーディネートやランド・オペレーション，そして自ら商品企画・販売・実施に取り組む組織の立ち上げを支援するために，旅行業登録の規制緩和を行う方針を打ち出した．

2 地域密着型旅行業の誕生

1 旅行業の規制緩和

国は，ニューツーリズムの振興には，地域の観光資源を熟知した地元の中小旅行業者による旅行商品の創出を促進することが必要との認識から，旅行業の立ち上げや既存の中小旅行業者が募集型企画旅行（主にパッケージ・ツアー）の企画・実施を行いやすくするための規制緩和を段階的に実施した．まず，国は，旅行業法施行規則を改正し，2007年３月12日に第３種旅行業務の範囲変更を公布した．具体的には，第３種旅行業者が，営業所のある市町村および隣接する市町村の範囲で募集型企画旅行の企画・実施を可能とするものである．本来，国内の募集型企画旅行を実施するためには，第２種旅行業登録を行う必要がある．しかし，第２種旅行業の登録には，少なくとも営業保証金1100万円（最低額），基準資産700万円が必要となる．旅行業者は中小零細企業が多く，また地域観光協会が旅行業登録を行う場合においても，基準の営業保証金や基準資産を準備することは容易でない．一方で，第３種旅行業は営業保証金300万円（最低額），基準資産300万円で登録できることから参入障壁が低くなるメリットがあった．

2007年の改正により地域観光協会等による旅行業登録が進んだが，国は更なる規制緩和を行う．具体的には，地域密着型旅行の流通促進を目的に2013年４月に創設した地域限定旅行業である．第３種旅行業との違いは，営業保証金15万円（最低額）と基準資産が100万円となり更に参入障壁が低下した点，受注型企画旅行や手配旅行という旅行契約においても取り扱う区域が限定された点にある．

２　地域観光協会の旅行業登録

地域観光協会の旅行業登録の背景には，組織の成り立ちや組織形態が地域によって様々であるが，地域観光協会が抱える課題に対する組織強化の目的もあった．地域観光協会の多くは，自治体が計画した観光パンフレットの作成，地域の祭りやイベント業務を限られた要員・経営資源で対応しており，ニューツーリズムへ対応する人材や機能を十分持ち合わせていなかった．また，情報技術の発達により消費者が地域の観光情報を容易に取得できるようになったことから，印刷コストのかかる観光パンフレット重視の姿勢や街頭および旅行会社店舗での観光宣伝等，従来型の情報発信では組織会員に対するメリット・価値を十分提供できず，会員離れが進んでいた．さらに，多くの地域観光協会が自治体からの補助金既存体質にある中で，自ら自主財源を生み出し経営の安定化に取り組む先進的な組織が注目された．それは，2003年に全国ではじめて株式会社化した㈱ニセコリゾート観光協会と2001年に飯田下伊那の市町村と地元民間企業・団体の出資による第３セクター㈱南信州観光公社である．いずれも第２種旅行業登録を行い，域内の体験型観光素材をつくり，域外の旅行業者と連携しながら地域振興に取り組んでいる．よって地域観光協会の旅行業登録は，従来の組織が十分持ち得ていない旅行商品づくり機能や自らが旅行業者として域外の旅行業者との提携販売機能を持ちながら，自主財源を生み出すきっかけと位置付けられた．

３　唐津観光協会「唐津よかばい旅倶楽部」の創設

2007年の旅行業法施行規則の規制緩和以来，九州の観光協会で最初に旅行業登録したのが，（一社）唐津観光協会である．唐津市は，年々減少する宿泊者数を食い止め，唐津の持つ海，山，川の自然を活かした観光振興が望まれていた．そこで，唐津市は2005年度に総務省ふるさと財団が助成する唐津市地域再生マネージャー事業に取り組んだ．事業では，まず地元市民から構成される地域再生メンバーに対する人材育成を目的としたワークショップを通じて，唐津市のブランド調査や課題の抽出に取り組んだ．初年度事業を通じて，観光関係者や地域住民が目指す観光振興の方向にまとまりがなく，これらを横断的に取りまとめる組織の必要性が提言された．翌年度の事業では，新たな組織の実現に向けた具体的な事業計画や組織の担い手についての協議に取り組んだ．唐津市の戦略は，博多駅や福岡空港からのアクセスの良さと唐津市の自然を最大限活かし，関西地区からの体験型教育旅行や福岡都市圏からのファミリー層に向けた体験型旅行の誘致である．こうした地域の体験型旅行をコーディネートする組織の機能として着目したのが，旅行業である．また，福岡都市圏に対して自ら旅行商品を造成・販売することによる収益基盤を持つことが，組織の持続的な取り組みになると判断した．翌年の2007年より第３種旅行業の業務範囲を拡大する動きがあることを見据え，唐津市は旅行業登録を持つコーディネート組織を唐津市内に立ち上げる方針を決めた．その担い手となる人材や組織について検討が重ねられた結果，新たに組織を立ち上げるのではなく，唐津観光協会内の事業部として既存の組織を活かしながら取り組む方針がまとまった．旅行業を始めるには，その営業所に国家資格である旅行業務取扱管理者の選任が不可欠である．よって，資格を保有する大手旅行業経験者の指導のもと，旅行業務を軌道に乗せた．唐津観光協会は，2007年７月３日に第３種旅行業の登録（現在は第２種旅行業）が完了し，屋号を「唐津よかばい旅倶楽部」として営業開始した．結果，体験型教育旅行の誘致は，JTB 西日本と連携し，関西地区を中心に2009年に約2500名，2010年に約4000名の受入成功につながった．

4　地域観光協会の旅行業登録の増加

唐津観光協会による旅行業登録後，九州内の地域観光協会においては，**表５−１**にあるように，平戸観光協会や日田市観光協会が続いて旅行業登録を行った．旅行業登録は市レベルのみならず，大分県観光連盟を母体に組織改編したツーリズムおおいたが2008年12月に第２種旅行業の登録を行う等，県レベルの組織においても進んだ．2007年３月以前の九州の地域観光協会の旅行業登録は，1976年の指宿市観光協会が最も歴史が古く，1980年の別府市観光協会と２件のみである．しかし，2007年３月以降の動向をみると，2013年４月から始まった地域限定旅行業を含めて九州の地域観光協会の旅行業登録（旅行業者代理業含む）は59件となり，急激に増加したことがわかる．いずれの組織も地域の発展を目的に地域マネジメントによる価値創造を目的として旅行業登録した地域密着型旅行業と言えるだろう．これらは旅行業の規制緩和の効果であり，また九州の観光構造の大きな変化と言えよう．

九州の地域観光協会の旅行業登録の特徴については以下に大きく分類できよう．第１種旅行業登録はなく，第２種旅行業に14組織，第３種旅行業に17組織，地域限定に27組織，そして旅行業者代理業に１組織登録している．また，県別

表５－１　九州の地域観光協会の旅行業登録一覧（2023年１月時点）

県名	名称又は商号	種別	登録年月日
鹿児島県	公益社団法人　指宿市観光協会	地域限定	1976/9/21
大分県	一般社団法人　別府市観光協会	地域限定	1980/12/27
佐賀県	一般社団法人　唐津観光協会（唐津よかばい旅倶楽部）	第２種	2007/7/3
長崎県	一般社団法人　平戸観光協会（平戸観光交流センター）	第３種	2007/8/31
大分県	一般社団法人　日田市観光協会	地域限定	2008/6/3
長崎県	一般社団法人　長崎国際観光コンベンション協会	第２種	2008/12/17
大分県	公益社団法人　ツーリズムおおいた	第２種	2008/12/24
熊本県	一般社団法人　天草宝島観光協会	第２種	2009/2/25
大分県	特定非営利活動法人　竹田市観光ツーリズム協会	第２種	2009/3/23
長崎県	公益財団法人　佐世保観光コンベンション協会	第２種	2009/10/20
長崎県	特定非営利活動法人　西海市観光協会	第３種	2009/10/20
熊本県	阿蘇温泉観光旅館協同組合（阿蘇市観光協会）	第３種	2009/11/30
宮崎県	公益社団法人　宮崎市観光協会	第３種	2010/1/25
宮崎県	一般社団法人　高千穂町観光協会	第２種	2010/3/2
宮崎県	一般社団法人　延岡観光協会	第２種	2011/6/24
宮崎県	一般社団法人　諸塚村観光協会	第３種	2011/10/3
長崎県	一般社団法人　南島原ひまわり観光協会	第３種	2013/1/11
長崎県	一般社団法人　まつうら党交流公社	地域限定	2013/6/4
福岡県	一般財団法人　FM 八女観光事業部	第３種	2013/7/4
佐賀県	一般社団法人　佐賀市観光協会	第２種	2013/9/27
鹿児島県	特定非営利活動法人　鹿児島いちき串木野観光物産センター	第３種	2013/12/19
福岡県	一般社団法人　篠栗町観光協会	地域限定	2014/3/10
長崎県	一般社団法人　五島市観光協会	地域限定	2014/3/10
長崎県	一般社団法人　壱岐市観光連盟	地域限定	2014/4/14
大分県	一般社団法人　佐伯市観光協会	地域限定	2015/3/12
福岡県	公益財団法人　福岡観光コンベンションビューロー	第３種	2015/11/19
長崎県	一般社団法人　新上五島町観光物産協会	地域限定	2016/3/23
宮崎県	一般社団法人　椎葉村観光協会	第３種	2016/6/6
長崎県	特定非営利活動法人　おぢかアイランドツーリズム協会	地域限定	2016/9/1
熊本県	一般社団法人　DMO やつしろ	第３種	2016/10/26
長崎県	株式会社　島原観光ビューロー	地域限定	2017/1/17
大分県	一般社団法人　豊の国千年ロマン観光圏	第２種	2017/6/1
大分県	一般社団法人　由布市まちづくり観光局	地域限定	2017/7/1
福岡県	一般社団法人　ふくつ観光協会	地域限定	2017/8/30
長崎県	一般社団法人　大村市観光コンベンション協会	第３種	2017/9/20
大分県	一般社団法人　中津耶馬渓観光協会	地域限定	2017/10/2
大分県	一般社団法人　国東市観光協会	第２種	2017/10/3
宮崎県	小林まちづくり株式会社	第２種	2018/1/16
長崎県	一般社団法人　対馬観光物産協会	地域限定	2018/2/20
福岡県	一般社団法人　新宮町おもてなし協会	第３種	2018/3/6
宮崎県	一般社団法人　美郷町観光協会	地域限定	2018/3/23

大分県	一般社団法人　杵築市観光協会	代理業	2018/10/26
熊本県	株式会社　SMO 南小国	地域限定	2019/9/9
福岡県	一般社団法人　うきは観光みらいづくり公社	第３種	2019/11/8
長崎県	一般社団法人　島原半島観光連盟	第２種	2021/1/27
熊本県	一般社団法人　高森観光推進機構	地域限定	2021/5/10
鹿児島県	一般社団法人　出水市観光特産品協会	地域限定	2021/5/10
福岡県	一般社団法人　飯塚市観光協会	地域限定	2021/10/14
宮崎県	一般社団法人　都城観光協会	地域限定	2021/10/22
福岡県	一般社団法人　糸島市観光協会	地域限定	2021/11/10
長崎県	一般社団法人　長崎県観光連盟	地域限定	2021/12/16
熊本県	一般財団法人　熊本国際観光コンベンション協会	第３種	2022/3/31
長崎県	一般社団法人　雲仙観光局	第３種	2022/5/26
大分県	一般社団法人　ひじ町ツーリズム協会	地域限定	2022/8/10
佐賀県	一般社団法人　伊万里市観光協会	第３種	2022/11/16
鹿児島県	一般社団法人　鹿屋市観光協会	地域限定	2023/1/5
佐賀県	株式会社　有田まちづくり公社	地域限定	2023/5/22
鹿児島県	一般社団法人　曽於市観光協会	地域限定	2023/8/17
佐賀県	一般社団法人　嬉野温泉観光協会	第２種	2024/1/11

（出所）各県 HP 参照および担当課へヒアリングの上，筆者作成．

にみると，長崎県が16組織，大分県が11組織と多い．その要因はさまざまであるが，両県は，大手旅行会社と連携した農村民泊による教育旅行の誘致や離島含む周辺地域への交通アクセスを組み込んだ着地型観光商品の販売が進んでいることがあげられる．さらに，組織形態をみると，一般社団法人が43組織，一般財団・公益社団・公益財団法人が７組織，非特定営利活動法人が４組織，協同組合が１組織，株式会社が４組織となっている．

3　地域密着型旅行業とDMO

1　地域観光協会の課題とDMO

地域観光協会の旅行業登録は進んだが，組織を創設するだけでは必ずしもニューツーリズムや着地型旅行の流通促進につながるとは言い切れない．なぜなら，地域間競争も増加し，商品造成は可能となっても，消費者への告知やそもそもの商品の付加価値が流通促進には不可欠だからである．また，地域観光協会の組織は，限られた財源や人材で経営されている組織が多く，2012年以降の急激な訪日外国人旅行者の増加に対応するために，組織の更なる強化が求められる状況であった．そこで，国は2014年の「まち・ひと・しごと創生総合戦略」において，魅力ある観光地づくりをマネジメントする主体として「日本版DMO」の必要性を指摘し，旅行者を受入る地域側の変革を促した．

DMOとは，Destination Management/Marketing Organizationの略であり，観光地域づくり法人とも呼ばれる．地域の観光交流創造や産業振興を目的に，戦略策定，各種調査，マーケティング，商品造成，プロモーション等を一体的に実施する，組織体である．高橋(2013)によるとDMOの役割は，① マーケットに対する戦略立案と実践，② 地域内事業者に対するマーケットに関する様々な情報提供や事業活動の側面支援，③ 地域住民に対する地域の観光産業がもたらす経済的価値や社会的価値についての情報提供を行うものである．地域関係者と連携し，マーケティング戦略をもとに，持続的・効率的に質の高い観光サービスを提供するだけではなく，観光振興による地域ブランドが向上することによる地域産品の販売や定住人口の増加等，産業振興・まちづくりの視点が加わることとなった．DMOの担い手は，必ずしも地域観光協会ではないが，その多くは既存の観光推進組織を母体として体制強化を図っている状況にある．そして，DMOが保有する機能の一つとして，地域関係者を取りまとめ，交流創造の流通を担う旅行業やランド・オペレーション機能が改めて注目された．

2　高千穂町観光協会の取り組み事例

（1）組織概要

(一社) 高千穂町観光協会は，宮崎県北部に位置する高千穂町をエリアとするDMOである．高千穂町は，国の名勝「高千穂峡」(写真５-１) や天孫降臨の地を物語る神話の里で知られる人口約１万2000人の町であるが，年間約140万人(2019年) が来訪する宮崎県内随一の観光地である．基幹産業は農業であり，棚田の美しい景観や里山を保全管理する農山村文化が世界農業遺産に指定されており，原風景が広がる．また，高千穂峡での手漕ぎボート体験や国の重要無形文化財に指定されている高千穂神楽 (夜神楽，写真５-２) 等，旅行者を魅了する観光資源が豊富である．歴史のある観光地だけに観光協会の設立は1951 (昭和26)年と古いが，ここ十数年の間に観光地として国内外から大きく注目を浴び，観光を産業の柱として育てようという機運がさらに高まっている．その表れが，観光協会の組織体制強化である．

2009年には産業振興や雇用の維持・拡大を目的に一般社団法人として法人化し，町の観光推進の中核として独立した経営を進めている．多くの地域観光協会が自治体からの補助金を主な財源に運営している現状にあるが，高千穂町観光協会は旅行関連や物販事業からの収益事業によって，補助金を受けず独立採算で運営している．また，2010年には第２種旅行業登録を行い，旅行商品を企画・販売・実施できる体制を整備した．さらに，2016年には通過型から滞在型の観光地へ転換するために「オール高千穂」で取り組み，観光による経済効果の最大化，かつ持続可能な観光地経営を進めるために体制強化を図り，地域DMOとして国から登録が認められた．その背景には，熊本地震の影響によって大幅な旅行者の減少に見舞われ，観光事業者のみならず，町内の商工業者，農業者等にも少子高齢化と相まって将来への不安が顕在化し，危機感が生じたことにある．

2023年度の状況をみると，職員数43人のうち企業からの出向者が１人いるが，正職員が15人，パートタイム従業員27人と地域で多くの雇用を生み出している．主な事業内容は，貸しボート，夜神楽，直営売店，旅行業務取扱，観光ガイドであり，約５億円の事業規模となっている．

（２）高千穂町観光協会の地域マーケティング＆マネジメント

高千穂町観光協会は，町の地域計画のビジョンである「自然・神話・暮らしが一体となった日常と非日常が体験できる『まち』高千穂」の実現のために，交流創造に向けたマーケティング活動を担っている．主なターゲット層は，自然観光に関心の高い中年層女性と日本の歴史，文化に興味を示す欧州・北米観光客に設定している．マーケティング活動には，地域の魅力を伝えるプロモーション活動が欠かせないが，高千穂町の特徴として広告費を払う宣伝活動ではなく，国内外のテレビ，雑誌，新聞等のメディアからの取材に対応することにより地域の魅力を発信してもらう広報活動に力を入れている．多い年で年間約300件に及ぶ取材に丁寧に対応することにより，媒体を通じてその魅力を知った旅行者が国内外から来訪するサイクルが出来ている点が強みである．

地域マネジメントについては，旅行者の利便性向上のみならず，地域関係者とも連携し，持続可能な観光振興に役割を果たしている．例えば，旅行者に対してはオーバーツーリズムの解消が挙げられる．ピーク時は駐車場の混雑や貸しボートの長い待ち時間などの現象が見られるが，その緩和のためにパーク＆ライド（周辺の駐車場から中心部へバスでの輸送）や事前予約システムを導入し，混雑緩和を図っている．また，地域関係者に対しては，「夜神楽」の運営を引き

写真５－１　高千穂峡の真名井の滝

（出所）2024年２月15日，筆者撮影.

写真５－２　「夜神楽」の様子

（出所）2024年２月14日，筆者撮影.

受け事業展開している点が挙げられる.「夜神楽」は夜の楽しみを提供したいという旅館主人の発案から約50年前に始まり，現在は町内15の集落が分担して担当しながら毎晩上演されている．だが，毎晩の公演を維持していくには，旅館や集落の人々だけでは対応が難しくなり，そこで観光協会が管理・運営を担うことになったのである．こうした地域マネジメントは，地域関係者の課題解決を図りながら，旅行者にも利便性を提供し，かつ自らの収益につなげる「三方よし」の取り組みとなっている.

（３）高千穂町観光協会の旅行業機能

旅行業者でもある高千穂町観光協会は，多様な体験プログラムや市内観光ツアーを造成・販売しながら，域外からの交流創造をもたらしている．一方で，町内にあった旅行会社が撤退し，地域住民の旅行相談や手配を担う旅行会社としても機能している点に特徴がある.「高千穂 GOGO ツアー」（写真５－３）を例に挙げると，午後の３時間30分程度の時間で，古事記・日本書紀に記される神話を伝える天岩戸神社と天安河原，約1900年前に創建された高千穂神社をお参りし，高千穂峡を散策（オプションで貸しボート遊覧も可能），最後に市場での買い物を楽しめる内容である．旅行者は，旅行前に観光協会のホームページからツアーの検索や予約・購入することができ，自家用車がなくても，準備された専

写真 5－3　「高千穂 GOGO ツアー」の様子

（出所）2024年 2 月15日，筆者撮影.

用車に乗り，見どころを安全・快適に，効率よく周遊することができる．このような交通サービスを手配・利用するツアーは，旅行業法により旅行業登録した旅行業者でないと企画・販売することはできないため，旅行業機能が活かされるのである．そして何よりツアーには熟練した観光ガイドが同行し，観光資源の詳しい説明のみならず，地域の暮らしの様子や車内でご当地ソングを披露したり，ツアー参加者同士のコミュニケーションを働きかけたりと，ホスピタリティと旅情に溢れたサービスを受けることも可能となる．旅行業者のツアーに参加することによってしか経験できない付加価値を提供することができる点が，地域密着型旅行業の魅力の一つであり，地域側は多様な体験プログラムや旅行商品を準備していくことが，交流創造の糸口となるであろう．

4　交流創造型地域づくりと旅行業

1　交流創造システムとしての旅行業

ここまで，地域密着型旅行業や旅行業機能を保有する DMO の取り組みをニューツーリズム時代における観光の構造変化として捉え，その取り組みが観光交流を創造し，地域づくりと連動している現状を確認した．永田［2003］によると，企業における価値創造の活動は，環境の変化に対応しつつ内部にある価値生産のプロセスや顧客からの信頼等の内部資源を融合し，外部の経済主体との関係を形成していく．その過程において，各要素の結合のみでは生産され得ない価値が創発し，蓄積されていくことから，価値創造の活動を単なる要素の総和には還元できない全体性をもった「システム」と捉えている（永田［2003］要約）．地域づくりにおける交流創造のプロセスにおいても，ニューツーリズムという時代の変化に対応しつつ，地域観光協会やDMO等地域側が主体性をもって地域資源の価値を生産し，自治体や大手旅行業者等の観光関連事業者との関係を形成することによって，新たな地域の魅力，観光資源となって，地域内外からの誘客，消費拡大へつなげている．よって，地域密着型旅行の取り組みは，地域における交流創造システムと見なすことができるだろう．

2　地域密着型旅行業の未来

社会はますますICT（情報通信技術）化が進み，既存のビジネスの仕組みが大きく，早い速度で変化している．旅行業においても，インターネットを通じたオンライン旅行販売は，既存の店舗の存在を脅かし，人を介した旅行手配機能のみならず，旅行相談機能までもAI（人工知能）に一部代替されていく可能性がある．一方で，ICT技術の進化は，新たなビジネスの機会を創造する．地域主体の観光振興や地域密着型旅行業の事業化が進む背景には，インターネットを活用すれば，都市部に店舗を構えずとも地域や事業の認知を高め，旅行販売が可能となった点もある．一方で，地域資源を磨き旅行商品化するには，そもそものアイデア・発想と様々な立場・利害のある関係者間で細かな調整が不可欠であり，こうした機能はAIで対応していくことは難しいだろう．旅行業という業態も，規模・形態によるが，旅行業務のみを取り扱うのではなく，旅行業者が保有するネットワークを活用し，人・モノ・情報の交流創造を生み出す際の一つの機能として位置づけられてくることになるだろう．

おわりに

観光振興による地方創生，地方への交流を創造する地域密着型旅行業やDMOの取り組みは，本格的な人口減少・高齢化社会に進む日本では，始まったばかりであり，今後も成長・発展していくものと考える．さらに，交流を生み出すシステム・仕組みを維持・強化していくためには，人材や財源が欠かせない．地域の金融機関によるDMOへの参画や宿泊税の導入も進みつつある．

交流の創造は，本章でテーマとした地域密着型旅行業やDMOのみの活動で生み出せるものではなく，地域全体の交流でみれば僅かなものである．しかし，地域密着型旅行業・DMOが主導役となることにより，地域のビジョンを定め，共有し，関係者の役割分担・合意によって，交流創造型地域づくりがますます盛んになり，「住んでよし，訪れてよし」の豊かな地域・九州が創られていくことを期待したい．

参考文献

永田晃也［2003］『価値創造システムとしての企業』学文社．

高橋一夫［2013］「観光マーケティングと観光地づくり――観光マーケティングの主体としてのDMO――」『ランドスケープ研究』77（3）．

室岡祐司［2015］「旅行業の事業領域拡大の変遷からみる九州観光の構造変化：観光目的地における価値創造システムとしての地域密着型旅行業」『商経論叢』（九州産業大学），56（1）．

――――［2016］「観光地経営におけるマネジメント組織のあり方に関する研究――釜山観光公社の事例研究と日本版DMOの留意点――」『商経論叢』（九州産業大学），57（1）．

観光庁［2007］観光立国推進基本計画．

まち・ひと・しごと創生本部［2014］「まち・ひと・しごと創生総合戦略」．

高千穂町観光協会［2023］令和5年度定時社員総会議案および事業概要に関する取材時提供資料．

〈ウェブサイト〉

観光庁［2010］観光圏内限定旅行業者代理業（http://www.mlit.go.jp/kankocho/shisaku/sangyou/dairigyo.html，2015年3月1日閲覧）．

国土交通省［2005］創意工夫豊かな地域の企画旅行商品の流通促進に関する検討委員会報告書のポイント（http://www.mlit.go.jp/kisha/kisha06/01/010605_3/02.pdf，2015年2月28日閲覧）．

国土交通省総合政策局観光事業課［2007］旅行業法施行規則の一部を改正する省令等の公布について（http://www.jata-net.or.jp/member/sideindex/pdf/shourei_10.pdf，2015年3月1日閲覧）．

内閣官房 構造改革特区推進室［2006］構造改革特区の取組について（http://www.kantei.go.jp/jp/singi/tiiki/kouzou2/dai16/16siryou2.pdf，2015年3月1日閲覧）．

第6章

スモール・コミュニティビジネスによる観光まちづくり

はじめに

「観光まちづくり」といえば，湯布院温泉や黒川温泉のような温泉地のまちづくりが有名だが，近年はマルシェやフェスなどのイベントの取り組みも，観光まちづくりとして取り上げられるようになってきた．

観光まちづくりの取り組みは，長いところでは1970年代から行われているが，「観光まちづくり」という言葉が生まれたのは1998年と比較的新しい．そもそもこの言葉は事業者主体の経済活動を示す「観光」と，住民主体で地域の維持を目指す「まちづくり」という相容れないものを組み合わせた行政用語である．

「観光まちづくり」の定義をみると，「地域が主体となって，自然，文化，歴史，産業など，地域のあらゆる資源を生かすことによって，交流を振興し，活力あふれるまちを実現するための活動」とある．これまで地域で行われてきたまちづくりでは，地域主体のボランティア的なものが多く，行政などの支援がないと継続が難しかった．そこに観光という経済的な手段を取り入れることで，行政に依存せずとも自立できる地域づくりを図ろうという意図が込められている[1]．

本章では，なぜ地域振興の一環として上記のような観光まちづくりが求められるようになったのか，時代背景や社会情勢の変化から明らかにする．また糸島で取り組まれている観光まちづくりの実態に触れることで，新たに生まれつつある観光まちづくりについて考察を行うものである．

1 観光地づくりから観光まちづくりへ

1 ゼロから新しくつくる都市開発

そもそも地域振興の取り組みは，日本の経済発展に伴って生じた都市部への人口や産業の集積に対し，過疎化が進んだ地方を発展させようと全国各地で取り組まれてきた．特に景気が良かった1980年代では，1981年に神戸で行われたポートピア’81という地方博覧会が火付け役となり，地方博ブームが起きた．また，1983年に東京ディズニーランドの開園を皮切りに，各地でテーマパークの建設も進んだ．1987年には第３次産業での地域振興を図ろうと総合保養地域整備法，いわゆるリゾート法が施行される．税財政上の優遇措置，農地や森林の土地利用規制の配慮などもあり，全国各地の自治体でゴルフ場やスキー場，アリーナやリゾートホテルなどを集積させて，新たな観光地を作ろうというリゾート開発が進んだ．

当時九州でもハウステンボス（佐世保），ネイブルランド（大牟田），宮崎シーガイア（宮崎），スペースワールド（北九州）などのテーマパークやリゾート開発が行われた．しかし，地方自治体が民間事業者と組んで作られた運営母体である第３セクターには，大規模な施設を運営するノウハウが乏しく，開発の多くが十分な経営予測を立てないまま，過剰な土地購入や設備投資を行ったこと，バブル景気の崩壊という経済状況が一変した影響もあり，ほとんどの施設が収益を上げることができずに事業継続が困難となり，経営破綻や閉園に追い込まれている．

テーマパークやリゾート開発は地域振興を掲げていたものの，結果として地方財政を圧迫しただけでなく，広大な面積の開発は，自然環境の破壊などの環境面の問題も残した．その後，日本全体で人口減少や高齢化も進み始めたこともあり，地方では大規模なリゾート開発自体が下火になっている[2)]．

テーマパークやリゾート開発という大規模な都市開発による観光地づくりは失敗に終わったわけだが，この経験から学ぶべきことは，景気などの社会・経済情勢の変化は早いため，事業開始までの期間が長い大規模開発は計画変更などが容易ではなく，事業リスクが非常に高いことだ．また，投資規模も巨大であることから経営・運営ノウハウも必要になる．そして何よりそうした大規模投資自体が地方の人口・経済規模に見合わなくなってきていることである．

2　地域の特色を生かした産業振興

リゾート開発による観光地づくりに変わって，注目されるようになったのは，地域にある資源を生かして地域振興を図る「観光まちづくり」の取り組みである．現在でこそ，温泉保養地として有名な湯布院も1970年代は九州内でもほとんど知られていない温泉地だった．実は観光まちづくりの取り組み自体は，テーマパークやリゾート開発よりも以前から行われているものが多いのだが，注目され始めたのは90年代以降になってからである．

九州は，「観光まちづくり」の取り組みが盛んな地域でもある．図6－1に示すように，九州内の各地で取り組みが行われている[3)]．テーマも温泉だけでなく，大分県豊後高田市の昭和レトロの街並みや宇佐市安心院の農村民泊（グリーンツーリズム），福岡県柳川市の掘割再生による川下り，長崎市のさるく（まち歩き）など，実に多様である．

テーマパークやリゾート開発などの観光地づくりでは，企業や自治体が出資した第3セクターなどが巨大投資によって，魅力的な設備や空間を生み出している．それは地域資源などとは関係なく，資金さえあれば別の場所でも再現可能なものが多い．

一方で観光まちづくりは，旅館組合や商工会などの地域の事業者が主体となり，温泉や街並みなどその地域固有の資源を使った取り組みである．地域にそもそもあるものを生かすため，前者と比べて費用は大幅に少ない．また施設だけでなく文化や人柄さえも資源であるため，まったく同じものを別の場所で再現することは難しい．

観光地づくりでは，お金も資源も人材も外部に依存したことで，地域にお金が循環したり，人材を育成する仕組みができなかった．「観光まちづくり」が注目されるようになった背景には，地域内でのお金の循環だけでなく，人材の育成やノウハウなどの受け継ぎが，地域を持続させるためには必要であるという反省も含まれている．

3　集落の課題や環境問題への取り組み

現在も（2）で紹介した観光まちづくりは各地で行われているが，最近では産業振興よりもさらに身近な地域の暮らしの維持や自然環境の保全などに関わる取り組みが増えている．

観光という手段を利用する点は共通しているが，空き家の増加といった集落

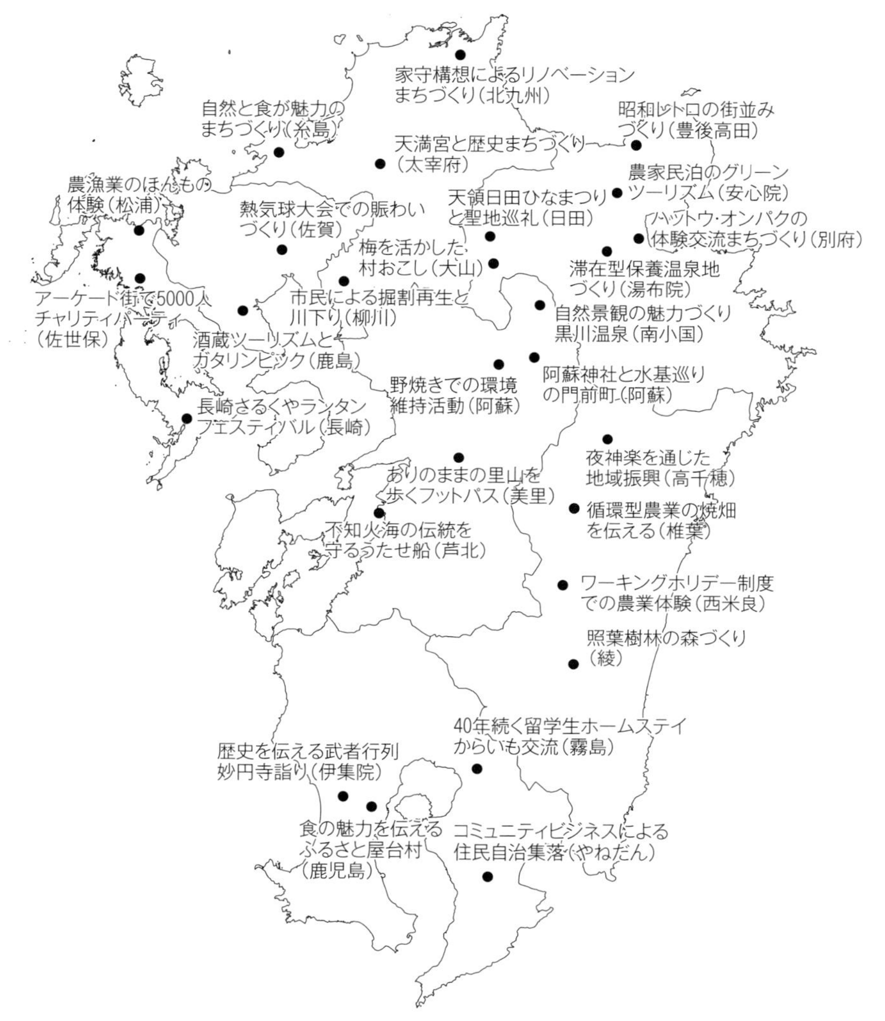

図６－１　九州各地の主な観光まちづくりの取り組み例

（出所）筆者作成.

の悩みごとであったり，海洋ゴミなどのよりミクロで身近な問題に取り組んでいる点で異なっている．具体的には，長年空き家になっていた地域の古民家をゲストハウスやレストランとして活用したり，海洋プラスチックを雑貨として再生する取り組みを体験観光化することなどだ．

ゲストハウスなどの取り組みは単独では収益性が低いものの，飲食店などの事業と組み合わせたり，不動産業などの収益性のある事業と兼業することで維持しているところもある．こうした取り組みを行う人たちは若い世代を中心に徐々に増えており，観光まちづくりの新たな形態ともなっている．糸島は長年観光まちづくりに取り組んできた地域であり，リゾート開発，地域産業づくり，地域課題の解決という段階を経てきた地域でもある．次項ではその変遷過程をみていくことにする．

2　糸島の観光まちづくり

1　糸島の位置と概要

糸島市は福岡県の北西に位置し，人口150万人の福岡市に隣接しており，平成21年の平成の大合併の際に，前原市，志摩町，二丈町が合併してできた人口10万人ほどの都市である（図６－２）．福岡市の中心部まで車や電車で約40分という交通利便性もあり，ビジネスや観光の面においても恵まれた環境だ．1990年代より農海産物などの旬の食材の魅力と，釣りや海水浴，冬場のサーフィンなどのマリンレジャー，豊かな自然環境を求めて移住してきたクリエイターたちによって生み出される木工や陶器などのクラフト工房，音楽フェスなどのイベントなど，複合的な魅力によって年々観光入込客数を増やしてきた地域である．

2　糸島のまちづくりの変遷[4)]

表６－１が糸島の観光関連の取り組みを示したものだが，これをみると1970年代から80年代にかけてリゾート開発に取り組んでいることがわかる．自治体（旧志摩町）が中心となり，国民宿舎（1969年開設，1998年閉館）や自然休養村や可也山のリフト事業（1976年開園，1987年閉園）などに取り組んだものの，そのほとんどがうまくいかず，閉館，閉園している．1989年に玄海レク・リゾート構想ができたことで，糸島にもさまざまなリゾート開発の案件が持ち込まれたが，

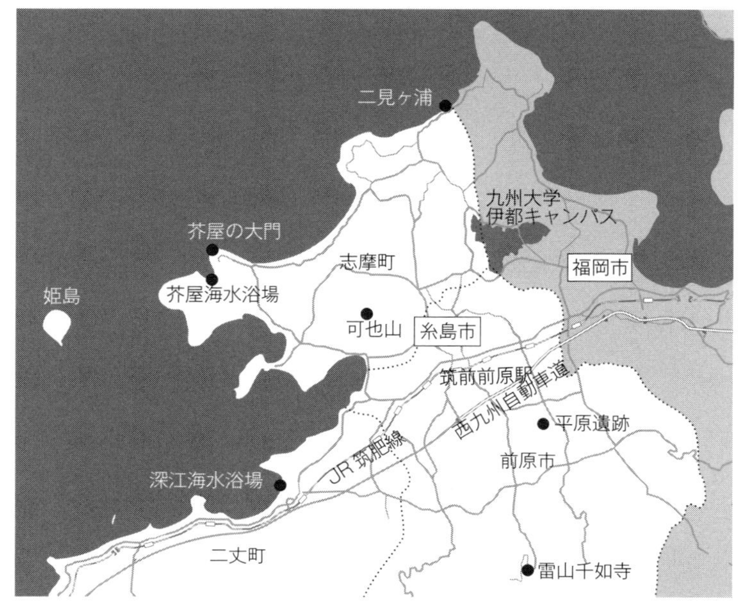

図６－２　糸島市の位置関係

（出所）本田［2023］.

そのほとんどはうまくいかなかった.

糸島が魅力的な地域として注目を浴びるきっかけの一つとして挙げられるのが減農薬農業の取り組みである. 1985年に起きた西日本一体のウンカ被害では, 糸島全体で３割の田んぼが被害を受け, 収量が大幅に減った. 当時の農家は農薬をスケジュールに沿って盲目的に散布していたが, 危機感を持った農家が集まり, 農薬の散布時期や量を自ら判断する「虫見板」を使った減農薬の農法に取り組むようになる. 虫見板は糸島農協の全組合員へ配布されたことで, 糸島全域で減農薬に取り組むきっかけにもなった. これは単なる生産技術ではなく, 農家が主体性を持って環境保全に取り組む市民運動の形を取っていたことから, 合鴨農法やジャンボタニシ農法など新たな農業技術の開発にもつながり, 糸島は環境保全型農業の先進地となっていった.

これを糸島の観光まちづくりにつなげる役割を担ったのが, 「朝市」の存在である. 1986年の志摩朝市の開催をきっかけに, 糸島の各地で農産物や海産物の直売を行う朝市や夕市が始まっている. 1980年代はまだ小さな取り組みだっ

表6－1　糸島の観光関連の取り組み年表

西暦	糸島のできごと	全国のできごと
1963	・芥屋大門が国の天然記念物に指定	
1965	・二丈町観光協会の設立	・マイカーブーム
1968	・二見ヶ浦が県の名勝に指定　大鳥居建築	・みかんの暴落
1969	・志摩町観光協会発足 ・国民宿舎「芥屋」，姫島町営渡船が開業	
1976	・自然休養村「志摩会館」完成 ・「可也の苑」事業（体験農園）・可也山リフト	
1978	・宇根豊氏が減農薬稲作を提唱	
1979	・青空市場の開始（志摩の朝市の前身）	
1985	・秋ウンカ大被害（減農薬農業のきっかけ）	
1986	・「志摩の朝市」開催（商工会館前）	
1987	・「可也の苑」閉園，「志摩の朝市」の移設拡大	・総合保養地域整備法
1988	・加布里でかき養殖がはじまる	
1989	・玄海レク・リゾート構想（民間リゾート開発が多数） ・つまんでご卵（緑の農園），糸島手造りハム創業	・アジア太平洋博覧会（よかとピア）開催
1990	・志摩町にリゾート開発課設置 ・自然農松尾ほのぼの農園の開園，サンセットカフェ開設	・ふるさと創生一億円
1991	・二丈赤米の販売開始	・バブル景気の後退
1992	・糸島みるくぷらんと創業	
1994	・一番田舎オープン（直売所先駆け）	・道の駅誕生（1993）
1996	・ふれあいプロムナードに朝市会場を移設	
1998	・国民宿舎「芥屋」閉館 ・観光物産直売所「志摩の四季」開設	
1999	・にぎやかな春（直売所）が開設	
2000	・製塩所「工房とったん」創業	
2002	・福吉ふれあい交流センター「福ふくの里」	
2003	・このころかき小屋開設	
2006	・「志摩の四季」移転（志摩イオン敷地内）	
2007	・JA 糸島産直市場伊都菜彩開業	
2008	・第1回クラフトフェス開催	
2009	・糸島市合併	
2010	・志摩の朝市がこのころ終了	
2011	・糸島市観光振興基本計画	・東日本大震災
2012	・銀座松屋で糸島マルシェ開催	
2018	・九州大学キャンパス移転完了	

（出所）本田［2023］より一部修正.

写真６－１　志摩朝市の様子

（出所）THE GUIDE TO SHIMA より転載.

たが，徐々に規模を拡大し，周辺地域にも波及する．1999年当時の新聞[5]をみると，糸島には10軒以上の朝市・夕市が生まれており，「伊都あさ市王国」とまで呼ばれている．この朝市をきっかけに糸島を訪れる人が増えていった．朝市の初期段階は，**写真６－１**のように簡易的な仮設テントである．冷蔵設備もなく，日曜日の早朝のみの開催だった．それでも新鮮な農産物・海産物を生産者から直接購入できると都市住民に好評になる．都市近郊でアクセスしやすく，減農薬や無農薬農業の取り組みも行なっていたことが他の地域との差別化にもつながり，消費者を惹きつける要因になっていた．

朝市は生産者と消費者の接点も生み出した．農家や漁師が自ら販売の現場に立つことで，直接的に消費者のニーズを知ることができた．また同業者との競争関係が生じることもあり，差別化を図るために新たな品種の栽培や加工品づくりといった食材の多様性，ハム工房やかき小屋などの新業態を生み出す役割も果たしている．その後，朝市は直売所へと発展する．冷蔵設備が整った施設ができ，週末営業が毎日営業に変わることで，糸島市への来訪者数は著しく増加した．

1995年に162万人だった糸島市の観光入込客数は，2003年には342万人，2017年には700万人近くまで増加している[6]．糸島市の来訪者の６割以上が産直を目

的としていることから，その影響の大きさがうかがえる.[7)]

3　観光まちづくりの新潮流

糸島では地元の生産者が観光まちづくりの担い手となり，発展してきた地域であるが，一次産業は環境の変化の影響を受けやすい産業でもある．特に糸島は大きな河川や大規模な農地が少ないため，製造業などの大規模な工場立地に向かない．また生産者たちが農協や漁協などの関係団体と一緒に環境の維持や保全活動に積極的に取り組んできたおかげもあり，農地や自然環境が守られてきた．今ではその環境の良さや食の魅力に惹かれた人たちによって，音楽フェスやクラフト（工房）などの新たな魅力が生み出されている.

2011年の東日本大震災や2012年の東京銀座での糸島マルシェ（産直）以降，全国からの来訪や移住も目立つようになり，1（3）で述べたような個人レベルで地域課題を解決するような新たな観光まちづくりを担う若い人たちも増えてきた．彼らの事業に取り組む意識や感覚が，これまでの観光まちづくりとどのように異なるのか，その取り組みの内容を通じて紹介する.

（1）学生寮などによる空き家や空き店舗再生の取り組み[8)]

大堂良太氏は，2017年に糸島市に移住し，空き家となった古民家をリノベーションした学生寮（写真6-2）を運営する事業を始めた．2024年時点で糸島市内に7カ所の寮を運営する他，カフェやゲストハウス，コワーキングスペース，棚オーナー制の本屋，駄菓子屋などの運営も行っている.

もともと商社に勤めていたが，当初から社会に貢献できることを将来は行いたいという思いを持っていた．ビジネススクールに通いながら，自身の原体験にもあった学生寮をやろうと独立，起業したそうだ．糸島を選んだのは，九州大学の卒業生であることも一因であるが，学生寮の物件を探す過程で，「地元の区長さんたや市役所の方々が良い方ばかりで後押ししてくれて，糸島が好きになりました」ということが大きかったようだ.

学生寮の運営も一風変わっている．「地域に開かれた学生寮」をコンセプトに，地域の清掃活動やイベントを寮生に紹介している．寮生たちが地域の人と関わりを持つことで，地域の活動や実態を知るきっかけづくりを行なっている．大堂氏が自分自身を「地域と寮生の媒介役」と位置付けていることからも，寮と地域の関係性を大切にし，かつそれが寮の魅力となっていることがわかる.

写真6－2　古民家を活用した学生寮

（出所）大堂良太氏提供.

空き家を使ったカフェやゲストハウス，商店街の空き店舗を使った棚オーナー制の本屋や駄菓子屋などの寮以外の事業を幅広く運営する理由も，寮生たちのために地域との接点を増やしたいという思いからだそうだ．手がける事業の中心には常に寮の存在がある．ただ，それだけ幅広く事業を行っているのに，従業員やスタッフを雇用しておらず，事業パートナーと共同経営する形を取っている．その理由としては，「共同経営は自分の得意分野と不得意分野を補い合えるのと，初期投資を折半できるので，事業を始めやすい」ということだが，そもそも地域課題の解決のために事業を行っているので，事業規模の拡大やフランチャイズによる他地域への事業展開にはあまり関心がないそうである．一方で，学生たちが将来事業を立ち上げたり，経営を行える人材を育てたいと意識は強く，支援も行なっている．寮生の中には，「将来は大堂さんみたいに，地域で事業をしたい」という学生もおり，就職で糸島を離れたとしても，いつか糸島に戻ってきて起業してほしいというのが，大堂氏の願いでもある．

（2）山や海の問題について，マーケットを通じて伝える[9]

THINNINGは辞書では「間伐（かんばつ）」という意味だが，糸島では「山の問題を多くの人に知ってもらうためのイベント」として知られている（写真6－3）．このイベントの主催者の1人である林博之氏は，普段は筑前前原駅近くにあるビルで「GOOD DAILY HUNT」というアウトドア関連商品を取り扱うお店を営みながら，フリーの営業マンとして活動している．

林氏はもともと千葉県我孫子市の出身で，キャンプや旅が好きで若いときに日本中を旅して回ったそうだ．移住前は関東でサラリーマンをしていて，13人の部下がいる中間管理職だった．東日本大震災をきっかけに，「やりたいことをできるうちにやろう」と，2012年に家族で糸島へ引っ越してきた．糸島を選んだきっかけは，クラフト工房などのつくり手たちが集まる会合に参加する機会があり，よいコミュニティがあると感じたからだそうだ．

THINNING を始めたのも，そうした工房の人たちとの会合がきっかけである．森林環境の問題に興味があり，糸島杉の間伐材でプロダクトを試作していたときに，間伐材の意味を知らない人たちにもマルシェを通じて，考えてもらう機会をつくろうと意気投合したそうだ．クラフト工房やアウトドアに関わる人たちは，自然環境のおかげで仕事がなりたっており，環境問題をみてみないふりはできない．当時はまだSDGsという言葉はなかったが，営利目的ではない取り組みが必要だという意識を持つ人たちが集まっていた．

アウトドアのメジャーブランド数社もイベントの主旨に共感して参加してくれたおかげもあり，第1回から売上があがった．そのため，出店したい店舗も増えたという．ただ，イベントの規模拡大は考えていないため，利益を優先するところなどは機会があればという形で距離を置いているそうだ．

「THINNING メンバーで一番大事にしているのは，『継続』ですね」といわれるように，家族を養うための仕事もあるため，お互い助け合いながらできる範囲でやること，作業には利益を乗せて対価を払うことを大切にしている．とはいえ稼ぐこと自体はそれほど重視していない．「お金を稼ぐことは好きだけど，大きく稼ぐために時間を使うくらいなら，むしろサーフィンとか小さな幸せのために使いたい」というのが林氏の考えだ．

林氏は海岸清掃を通じて海洋プラスチックを回収したり，リサイクルプロダクトの販売や体験事業なども行っている（写真6-4）．海のことまで取り組む理由を聞くと「海を守ることが山を守ることにもつながります．サーフィンをするので，海のことも気になるので」ということだった．実は，山よりも海の問題の方が身近で取り組みやすい．森林での間伐作業は危険だが，海岸清掃は誰でも行えるので参加希望者が多いそうだ．ただ，一度に多くの人を集めようとすると，場所の手配や駐車場の確保，ゴミの選別など手間が増え負担が生じてしまう．各自が好きなときにきてプラスチックゴミを拾い，収集場所にも持っていけるような手間の少ない仕組みがつくれないかと模索している．

写真６－３　第１回 THINNING の様子（2017）

（出所）筆者撮影.

写真６－４　海洋プラスチックをリサイクルした
　　　　　　プロダクト

（出所）林博之氏提供.

3 これからの観光まちづくり

糸島の新たな観光まちづくりの取り組みの内容は，空き家を活用した寮やカフェ，森林や海岸の環境保全をテーマとしたマルシェと異なるが，共通するのは地域の課題に根ざしたソーシャル（コミュニティ）ビジネスの形を取っていることだ．そしてあくまで自分の手が届く範囲，できる範囲のことをするというスモールビジネスの形を取っている．

地域の課題や環境問題に対してボランティア活動は多く存在するが，そこにマルシェや不動産賃貸などの「稼ぐ」，「儲ける」といったビジネス要素を取り入れ，事業の継続性を高めていることが特徴といえる．とはいえ，営利企業のように経済性を最優先しているわけではない．大堂氏，林氏のどちらもスタッフなどの雇用を行なっていないこと，事業の拡大意向がないことにそれが表れている．どちらも事業に共感する仲間と一緒に取り組むという姿勢であり，「お金」ではなく，「共感」によるつながりを重視している点では，ボランティアの取り組みにも非常に近い．

ビジネスともボランティアとも似て非なる形態で観光まちづくりを行う背景には，「自分の時間も大切にする」ことがキーワードとして挙げられそうだ．地域づくりや観光まちづくりは，熱心に取り組もうとすればするほど，当事者に過度の負担が生じる．従来の観光まちづくりの第一人者たちに話を聞くと，地域との軋轢や説得のために膨大な時間がかかったり，家族との時間を削ってまで取り組んだという話をよく聞いた．そうした努力が新たな産業や観光地を生み出してきたわけだが，両氏にはそうした地域の産業の未来を背負うような意識は感じられなかった．

彼らがもとからの地域住民ではなく，移住者であることも影響があるかもしれないが，2人とも「楽しいこと，面白いこと」に取り組みたいと頻繁に述べていたこと，林氏の「小さな幸せのために（時間を）使いたい」という言葉に意識の違いが表れていると思う．ただ，誤解をしてほしくないのだが，大堂氏も林氏も家族を養うための収入を得るために，不動産の賃貸業，アウトドア商品の営業という事業を自ら営んでいる．経済の重要性や経営の大変さを十分理解した上で，自分が楽しめる内容で，かつ，できる範囲内で森林の荒廃や空き家の増加といった地域課題に取り組んでいる．共感する仲間たちと一緒に複業的，兼業的に取り組んでいる点や新たな人間関係や販路が広がるなど，自分の本業にも好循環が生まれている点も忘れてはいけないポイントであろう．

おわりに

本章では糸島の観光まちづくりの取り組みをみてきたが，新たな観光まちづくりは，従来の観光まちづくりと比べて，取り組むハードルがより下がっているのではないかと感じる．ホテルや旅館，旅行会社や観光協会などのいわゆる観光産業といわれる企業や事業者でなくても，地域の会社で働いたり，飲食店を営みながら，個人でも複業的，兼業的に十分に行えることを示している．大きな資金も必要としない．むしろ，地域社会のどういう問題に興味を持つか，住民や仲間からの共感がえられるテーマ選びが必要になっている．

ただ，安易に流行を追いかけるようでは観光まちづくりの継続は難しい．地域との関係性を構築しながら，真摯に地域が抱える課題に向き合う姿勢も問われている．

注

1）詳しくは西村編［2009］を参照．
2）詳しくは大島［2016］を参照．
3）記載した観光まちづくりの事例は一例であり，他にも数多くの取り組みが存在する．
4）本田［2023］をもとに筆者作成．
5）「伊都あさ市王国，いまが旬」『西日本新聞』1999年4月6日付．
6）「福岡県入込客推計調査」1976-2017（各年版），福岡県．
7）『第2次糸島市観光振興基本計画』糸島市，2020年．
8）大堂良太氏へのヒアリング（2024. 2. 28）より筆者作成．
9）林博之氏へのヒアリング（2024. 3. 8）より筆者作成．

参考文献

大島和夫［2016］「地方・地域の発展のため」『京都府立大学学術報告（公共政策）』8．
佐藤弘［2008］『宇根豊聞き書き農は天地有情』西日本新聞社．
西村幸夫編［2009］『観光まちづくり』学芸出版社．
本田正明［2023］「糸島におけるガストロノミーツーリズムの構造，観光産業の変遷過程を踏まえて」『地域共創学会誌』10．

安村克己［2006］『観光まちづくりの力学——観光と地域の社会学的研究——』学文社.
吉村真理子［2011］『採れたて，糸島』書肆侃侃房.

第7章

アニメ聖地巡礼による地域振興

はじめに

近年，地域振興の手段として観光への期待が高まっている．現代の日本人にとって，観光は最も人気のある余暇活動であるが，そのスタイルは時代によって変化している．そこで本章は，近年人気が高まっている新たな観光のスタイルとして「アニメ聖地巡礼行動」に着目し，これらを活用した地域振興の取組みについて紹介する．

1 観光行動の変化

統計によると，2022年の1年間で約4080万人もの日本人が国内観光旅行に出かけており，コロナ禍前である2019年の5400万人以来，再び国内観光旅行が最も参加人口の高い余暇活動となった[1]．

旅行先での行動を見ると，国内旅行の場合，自然の風景を見る，温泉浴，名所・旧跡をみる，特産品などの買物・飲食などが多く挙げられている[2]（図7－1）．

一方で今後希望する旅行としては，温泉や食を楽しむなどに加え，「季節の花々を楽しむ旅行」「自然の中で過ごすことを楽しむ旅行（キャンプなど）」「自然環境を学び，環境の保全に貢献する旅行」,「映画・テレビ等のロケ地めぐり」など，目的が特化されたさまざまなスタイルの旅行が挙げられていることがわかる[3]（図7－2）．

このように近年観光のスタイルが多様化していることについて，前田[1995：71]は，観光の大衆化と関連させて説明している（図7－3）．それによると，観光の大衆化以前，すなわち多くの人にとって観光旅行に出かけることがごく稀であった時代には，旅行に出かけること自体が重要な選択であったのが（「旅行

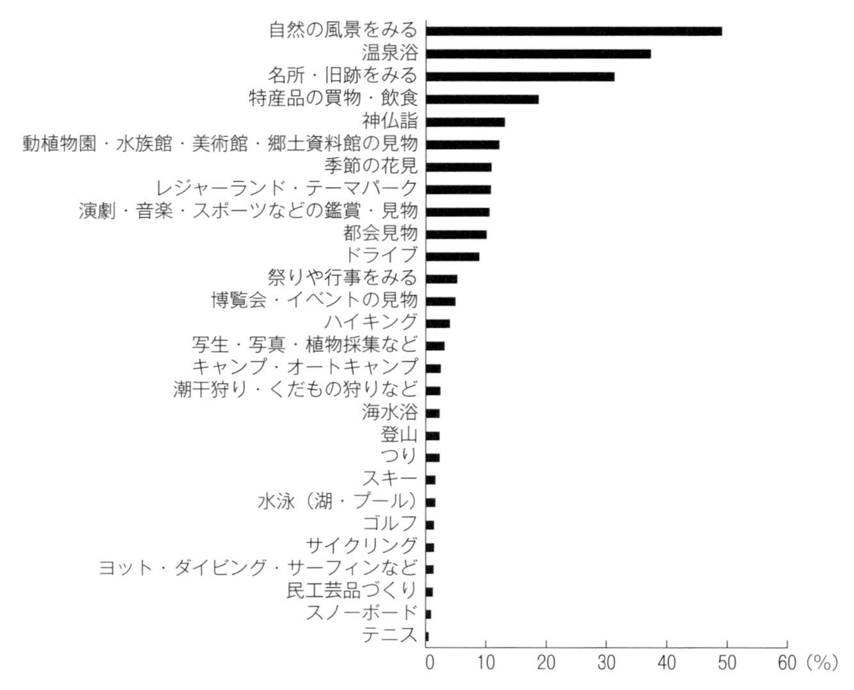

図7－1　国内旅行における旅行先での行動（複数回答）

（出所）日本観光振興協会「令和5年度版 観光の実態と志向」をもとに筆者作成.

優位型」の観光行動），観光が一般的な行動として社会に浸透するにしたがい，旅行することは普通のことになり，行き先や行き方に対しての関心が高まるようになった（「旅行先優位型」の観光行動）．そして，観光がさらに一般化することにより，行った先で何をするかということが重視されるようになってきた（「目的優位型」の観光行動）．現代では，観光はますます一般的な行動となっており，成熟化した旅行者のニーズも多様化し，これまでの旅行スタイルで飽き足らなくなった人々が自分なりの特定の目的を持って旅行を楽しむようになってきたのである．

このように，個人の特定のニーズに基づき目的に特化した観光スタイルは「スペシャル・インタレスト・ツーリズム（Special Interest Tourism：SIT）」と称されている．例えば，日本人海外旅行におけるSITは，野球やサッカーなどのスポーツ観戦ツアー，美術・音楽鑑賞ツアーなどが代表的であり，一般的な観

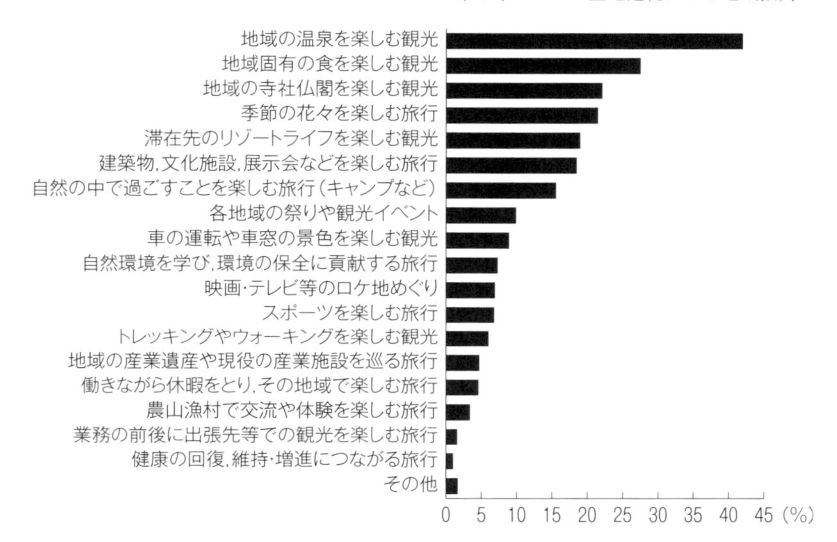

図７−２　今後希望する国内旅行（複数回答）

（出所）日本観光振興協会「令和５年度版観光の実態と志向」をもとに筆者作成.

光旅行と比較して，よりテーマ性や趣味性が高いことが特徴である．そのSITのひとつとして近年日本において人気を集めているのが集めているのが，自らが好きなアニメの舞台となった場所を巡るという目的に特化した旅行であり，アニメ聖地巡礼と呼ばれる行動である．

2　アニメ聖地巡礼とは

アニメ聖地巡礼とは，「熱心なファンが，アニメ作品のロケ地またはその作品・作者に関連する土地を見つけ出し，それを聖地として位置付け，実際訪れる（巡礼する）行為」[山村 2009：3-28] のことである．映画やドラマ，小説の舞台を訪れる行動は古くから見られたが，アニメの舞台を訪れる行動は，家庭用ビデオが一般的に普及した1990年代前半に始まったと考えられている．というのも，アニメの舞台を訪れるには，アニメを録画し，画面を停止させ，背景をじっくりとみて，どこがロケ地かを推測する必要があるからである [岡本 2009]．そして，このような行動が多くのアニメファンに広がっていったのは，インターネットが普及した2000年代前半からであり，そのころから「アニメ聖

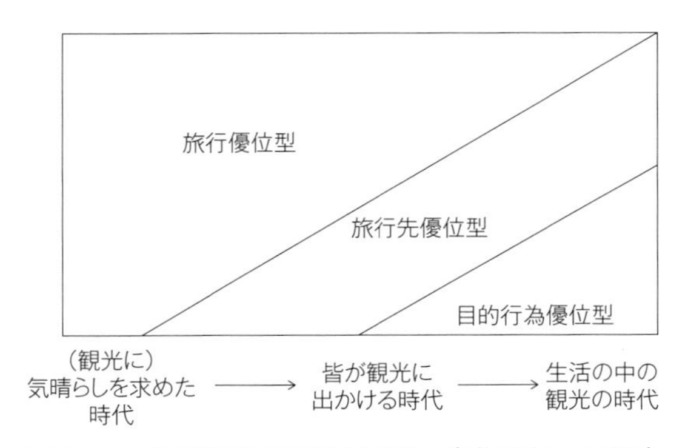

図７－３　観光行動の類型と観光大衆化過程との関連

（出所）前田［1995：71］をもとに筆者作成.

地巡礼」と称されるようになったと推測されている．アニメの場合，製作者側がその舞台を明らかにしていることはあまりなく，ファン自身が舞台を見つけ出し，その情報をインターネット上で発信していくことで，その場所が「聖地」としてファンの間で認識されるようになっていくというパターンが一般的なのである［平井 2008：109–112］．ちなみに，「聖地巡礼」という言葉は，そもそも宗教上重要な場所を参拝する行為として用いられることが一般的である．それがなぜアニメファンの行動と結びついたのかについてはっきりとはしていないが，アニメの舞台探訪の最初の事例であるとされる『美少女戦士セーラームーン』（1992年放映開始）において，その舞台のモデルとなったのが東京都麻布十番にある氷川神社であることから，もともと宗教上の聖地である神社を訪れるという意味で聖地巡礼という呼称が用いられたのではないかといわれている［岡本 2009：31–62］．

2000年代後半になりアニメ聖地巡礼が注目を集めるようになったきっかけのひとつとして，埼玉県久喜市（旧鷲宮町）の鷲宮神社におけるアニメ『らき☆すた』の聖地巡礼が挙げられる．『らき☆すた』は，2007年に放送された４コマ漫画作品を原作とするテレビアニメで，女子高生の日常生活を描いた人気作品である．テレビアニメのオープニングシーンで鷲宮神社の鳥居と門前の風景が描かれていたことで，同神社がファンの間で聖地として認識されるようになり，多くの作品ファンが巡礼に訪れるようになった（**写真７－１**）．アニメ放映前の2007年には13万人だった初詣客が，放送翌年の2008年には30万人を記録したとされている[4)]．

写真７－１　鷲宮神社の門前風景

（出所）2019年３月筆者撮影.

他にもこのようなアニメ聖地が全国に出現し，その一連の動きがメディアなどでとりあげられることで，アニメ聖地巡礼に対する関心が高まっていった．そして2016年には，映画『君の名は。』が公開され世界的な大ヒットとなり，岐阜県飛騨市をはじめとする同作品の舞台を訪れる客が急増し，アニメ聖地巡礼という言葉がアニメファン以外の人々にも知られるようになったのである（写真７－２）．なお，この年の『ユーキャン新語・流行語大賞』に「聖地巡礼」が選出されている．また，2019年末からのコロナ禍においてステイホームが推奨される中，動画配信サービスを通じて自宅で映画やドラマ，アニメなどを楽しむ行動が人気を集めたが，それらを背景に話題を集めた作品が『鬼滅の刃』シリーズである．この作品では，特定の舞台が明示されているわけではないものの，登場人物と同じ名前の神社や作品内に登場するシーンに似ている場所などがSNS上で話題となり，コロナ禍での行動制限が緩和されると同時に，全国に点在しているこれらのスポットに多くのファンが足を運んだのである．

アニメ聖地巡礼の経験について尋ねた調査（全国の男女2152名を対象としたインターネット調査，2019年８月実施）によると，これまでアニメ聖地巡礼に出かけたことがあると答えた人は，全体の12.3％であった［岩崎 2021：15-27］．その中でも30代の経験率が最も高いが，男女とも幅広い年代で行われているようである（表７－１）．つまり，今やアニメ聖地巡礼は，熱心な一部のアニメファンの間だけの行動ではなく，一般的な余暇活動のひとつであるともいえるだろう．

写真７－２　JR 飛騨古川駅のホーム

（出所）2018年２月筆者撮影.

表７－１　アニメ聖地巡礼を経験した人の割合

年齢	男性	女性
15–19歳	13.1%	10.4%
20–29歳	17.3%	12.1%
30–39歳	17.5%	12.2%
40–49歳	13.6%	4.7%

（出所）岩崎［2021：15-27］をもとに筆者作成.

このようにアニメ聖地巡礼行動が広く人気を集めるようになった背景として，前述した情報通信技術の発達に加え，アニメ制作技術の発達も挙げられる．近年のアニメのデジタル化により精緻な表現が実現したこと，また背景の実写化が進み，アニメの舞台が実在するケースが多くなったことなどから，その舞台に実際に訪れるという行為が可能になったと考えられる［増淵 2014：21］．また，アニメのファン層が拡大していることも一因であろう．かつてアニメは子どもを対象としたものが中心であったが，90年代後半あたりからテレビの深夜枠で放映される大人向けアニメが人気を集めるようになり，海外にもその人気が広がっている．観光庁の「訪日外国人消費動向調査[5]」によると，2023年に日本を訪れた外国人の8.2%が，日本での行動として「映画・アニメゆかりの地を訪問」を経験しており，また11.4%が，次回日本を訪れた時にしてみたいと回答しており（図7-4），アニメ聖地巡礼は，日本人だけではなく，海外からの旅行者にとっても人気のある活動であることがみてとれる．

では，アニメ聖地巡礼を目的とした旅行者はどのような行動的特徴があるのだろうか．増淵［2012：20-2］は，アニメ聖地巡礼者の特徴として，仮想空間（作品世界やネットコミュニティ）と現実空間（聖地）を行ったり来たりしながら，趣味性の高い独自の楽しみ方を創りだしていることと述べている．また，彼らの具体的な行動としては，① アニメ聖地の写真や動画をアニメに登場するのと同じアングルで撮影すること，② 旅の記念物として，あるいは自分が来訪したことを示すものとして，様々なグッズやコメント，イラストなどを残していくこと，③ ノートパソコンやスマートフォンなどの持ち運び可能な情報通信機器を用いて，聖地の様子をブログやSNS，動画投稿サイトなどで公開すること，④ 痛車（アニメのステッカーが貼付された自動車）に乗って巡礼地を訪れること，⑤ 巡礼地でコスプレ（アニメのキャラクターへの扮装）をすること，⑥ 巡礼者と現地の人々，また巡礼者同士で交流することなどが特徴として挙げられている［岡本 2013：54-55］．

このように，アニメ聖地巡礼は，個人の特定のニーズに基づいたテーマ性，趣味性の高い行動であり，かつアニメ聖地という非日常生活圏で行われる余暇活動であることから，前述したSITの典型的な事例であり，現代ならではの特徴的な観光スタイルとして位置付けることができるだろう．

3　アニメ聖地巡礼による地域振興

近年アニメ聖地巡礼の人気が高まる中，地域振興の手段としてもアニメ聖地巡礼に注目が集まっている．2003年，国土交通省，経済産業省，文化庁により「映像等コンテンツの制作・活用による地域振興のありかたに関する調査報告書」[6)]が発表され，映画，ドラマ，まんが，アニメなどの映像コンテンツを地域の観光振興のツールとして活用することが検討された．この中で，このような地域にかかわる映像コンテンツを活用して観光と関連産業の振興を図ることを意図したツーリズムのことを「コンテンツツーリズム」と称し，その根幹は，地域に「コンテンツを通して醸成された地域固有の雰囲気・イメージ」として

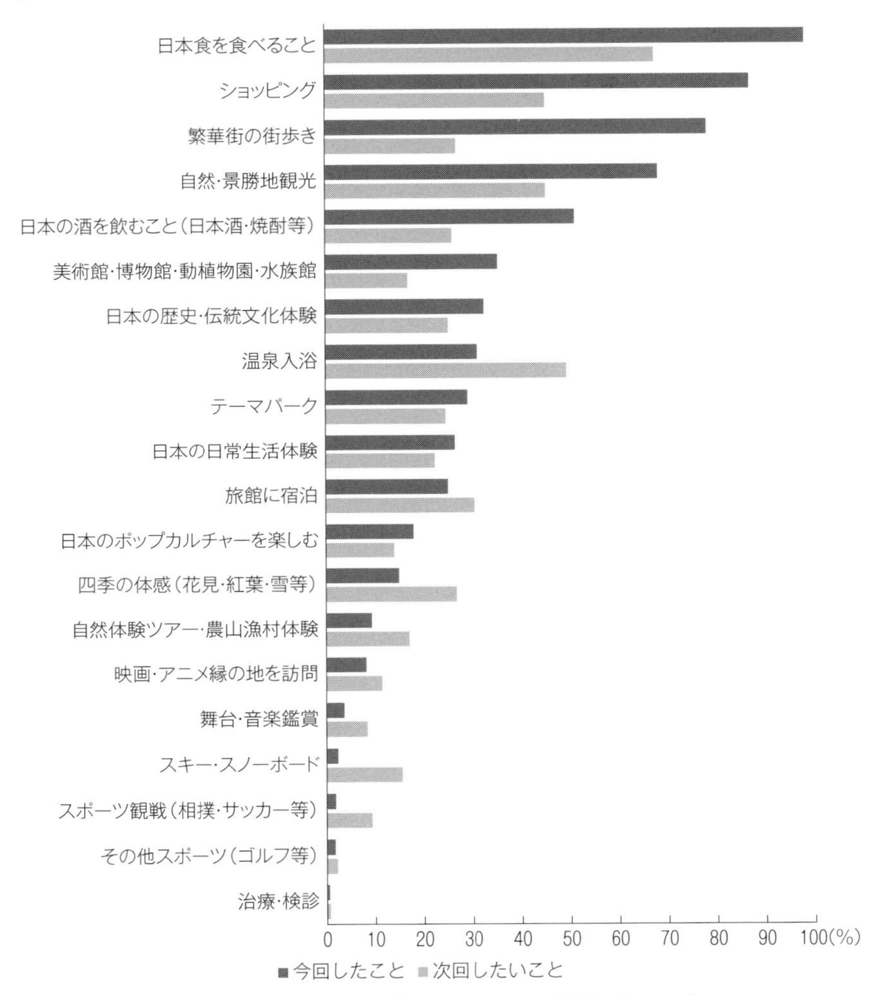

図７－４　訪日外国人旅行者が今回したことと次回したいこと（複数回答）

（出所）観光庁「訪日外国人消費動向調査（2023年間値の推計）」をもとに筆者作成.

の「物語性」「テーマ性」を付加し，その物語性を観光資源として活用することであると記されている．また，2010年以降，経済産業省を中心に，日本の文化産業を海外に推進することを目的とした「クールジャパン戦略」が活発化し，そのなかでもアニメが重要なコンテンツとして位置付けられている．さらに2016年には，日本の人気アニメゆかりの地を観光資源として活用し，訪日観光客の誘客促進をめざすための組織である「アニメツーリズム協会」が官民連携で設立されている．このような一連の動きもあり，地域振興の手段としてアニメ聖地巡礼に期待が寄せられることとなったのである．実際にアニメ聖地巡礼が地域振興と結びついた代表的な事例としては，前掲した『らき☆すた』の聖地である埼玉県久喜市（旧鷲宮町）をはじめ，『けいおん！』（2009年テレビ放映開始）の滋賀県豊郷町，『あの日見た花の名前を僕たちはまだ知らない．』（2011年テレビ放映開始）の埼玉県秩父市，『ガールズ＆パンツァー』（2012年テレビ放映開始）の茨城県大洗市，『ラブライブ！サンシャイン!!』（2016年テレビ放映開始）の静岡県沼津市などが挙げられる．また2018年からテレビアニメシリーズが始まった『ゆるキャン△』にように，山梨県，長野県，静岡県と広域で地域振興が展開されている事例も登場している．

では，アニメ聖地巡礼行動は，具体的にどのようなプロセスで地域振興と結びついているのだろうか．アニメ巡礼者の行動を分析した研究によると，聖地巡礼者は，まずアニメ作品を視聴しその作品に深い関心をもつことで，作品の聖地を訪れようとする動機が生じる．そして聖地を訪れるための経済的，時間的条件が整うと，実際に聖地に足を運ぶ．現地では，アニメの聖地を巡るだけではなく，周辺の観光スポットなどにも足を延ばし，自然，景観，文化に触れる機会をもっている．その過程を通じてアニメ作品への関心，愛着が深まるだけではなく，その作品の舞台である地域にも関心，愛着を持つようになり，再びその地域を訪れているのである（図7－5）［大方・岩崎・津村 2017：133-136］．

このように，地域にとっては，アニメ聖地巡礼により地域への誘客や関心を促すことができ，それに伴う経済効果が期待できる．また，それ以外にも，コンテンツ作品を通じて，地域住民が自らの地域の魅力を再発見する機会にもなり，地域に対する愛着心を向上させるという効果も期待できるのである[7)]．

では，このようなアニメ聖地巡礼による地域振興を進めていくには，どのようなしくみが必要なのだろうか．山村［2018：37］は，アニメ聖地巡礼による地域振興には，「アニメコンテンツの製作者（制作委員会，アニメーション制作会社，

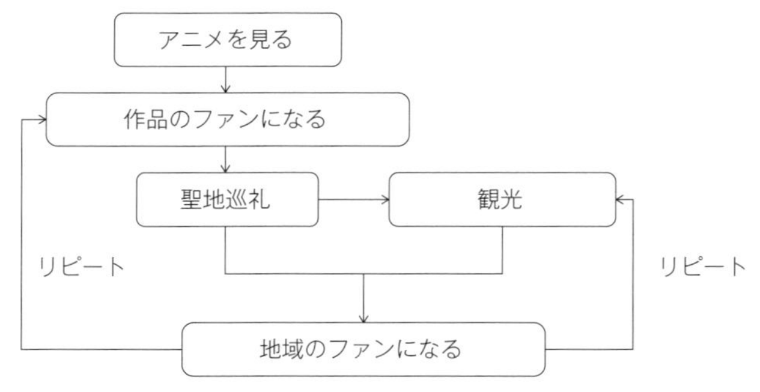

図７－５　アニメ聖地巡礼者の行動プロセス

（出所）大方・岩崎・津村［2017：133-136］をもとに筆者一部改変.

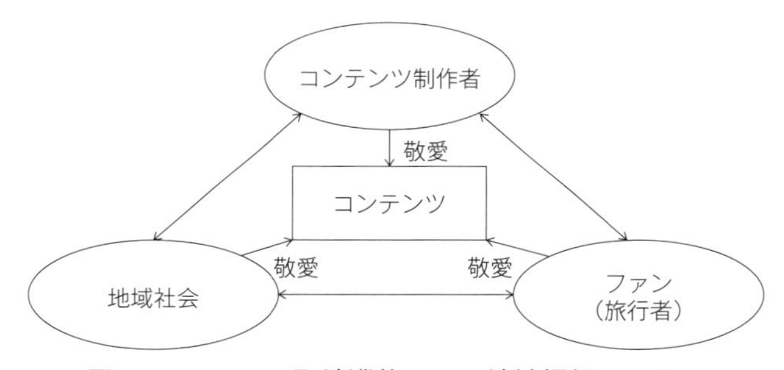

図７－６　アニメ聖地巡礼による地域振興のしくみ

（出所）山村［2018：37］をもとに筆者一部改変.

原作者など)」,「ファン」,「作品の舞台としてファンを受け入れる地域社会」の三者が良好な関係を築くことが重要であり，その核となるのはコンテンツに対する「敬愛」であると述べている（図７－６）.

4　九州における事例：佐賀県唐津市における『ユーリ!!! on ICE』の聖地巡礼

九州においても，聖地巡礼を活用し地域の振興を図ろうとする取り組みが多く存在する．事例として，佐賀県唐津市におけるアニメ『ユーリ!!! on ICE』の聖地巡礼を活用した地域振興について紹介する.

アニメ『ユーリ!!! on ICE』は，2016年10月から12月までテレビ朝日ほかにて放送されたフィギアスケートを題材としたアニメ作品である．作品の中での

写真７－３　唐津市京町商店街

（出所）2018年８月筆者撮影.

主人公の出身地「九州の長谷津町」が佐賀県唐津市をモデルとしていることから，放映開始直後からから多くのファンが聖地巡礼目的に同市に訪れるようになった．作品では，唐津駅，唐津城，商店街など市内の各所とよく似た風景や街並が多く登場している（写真７－３）．

2016年12月８日の西日本新聞（佐賀県版）では，作品の舞台の１つである市内の鏡山温泉では，放送開始直後の週末や祝日になると多くの女性客が訪れるようになり，同じく作品に登場するカツ丼を多数の女性が食堂で食べている光景が紹介されるとともに，カツ丼の売り上げが10倍になったという従業員の言葉が掲載されている．

このような動きをうけ，地元では，聖地巡礼を唐津の魅力を発信するきっかけにしようと，様々な取組みが行われることとなった．まず地元の「からつ観光協議会」では，ファンや地元の観光業界関係者，市職員などとともに，聖地巡礼をきっかけに多くの人を唐津に惹きつけてリピーターを増やすための方策が検討されることとなった[8]．また，市内の商工関係者の間でも自発的なおもてなしが進み，商店街ではアニメの音楽を流したり，タクシー会社が聖地を巡る「聖地巡礼タクシー」を走らせたりするなど，積極的な関わりが見られるようになってきた[9]．そして放映翌年の2017年３月，佐賀県と唐津市が連携した作品とのコラボ企画「サーガ!!! on ICE」が始まった[10]．もともと佐賀県は，様々な企業・ブランドやコンテンツと連携し，佐賀の魅力を全国に発信する地域創生プロジェクト「サガプライズ！」を2013年頃から立ち上げており，「サーガ!!! on ICE」もその一環としての取組みである[11]．「サーガ!!! on ICE」は，唐津と東京を拠点とし，『ユーリ!!! on ICE』のコンテンツを活用して唐津への誘客を図るためのユニークな企画が積極的に打ち出されていった．例えば東京会場では，明治神宮外苑アイススケート場に，作品内に登場するスケートリンクをイメージした空間が１週間の期間限定で再現され，キャラクターと一緒に写真が撮れるフォトスポットの開設や，佐賀県産の食材を使った限定コラボフードの販売など，趣向をこらしたイベントが開催された．また唐津市では，聖地巡礼マップの配布，地元名産品とコラボレーションしたフードメニューや期間限定でオリジナルグッズの販売などが行われた．この唐津での企画は2017年３月６日から５月７日まで行われたが，唐津市によると，その期間中，世界27ヵ国から延べ２万3924人の観光客が聖地巡礼を目的に唐津に来訪し，大盛況の結果となったということである[12]．

その後2017年９月からは，市が主体となりコラボ企画第２弾が開催された[13]．第２弾では，唐津市内でスタンプラリー（達成した人には「長谷津町民認定証」が贈られる）や新たなオリジナルグッズの販売などが11月までの期間行われた．それと併せて，唐津市ではふるさと寄付金の一部の返礼品を「長谷津小包バージョン」の包装で届ける企画や，唐津観光協会では唐津を代表する伝統的祭「唐津くんち」のカレンダーに『ユーリ!!! on ICE』の登場人物を描いた特別表紙版を発売するなど，アニメのコンテンツと地域の資源を組み合わせる様々な仕掛けが展開されていった．

このような盛り上がり評価され，2018年１月には，唐津市と同作品が「第８回ロケーションジャパン大賞特別賞」を受賞した．この賞は，ロケ地が印象的だった，行ってみたくなった（行ってみた）作品と地域の組み合わせに対し，ファンと有識者による投票で選ばれるものであり，アニメ聖地としての唐津の人気が全国的に広まったことがうかがえる．この受賞を受け，市は，市内に店舗を構える商工関係者に対し，聖地巡礼者に対し市全体でおもてなしを行っていこうと呼びかけ，この趣旨に賛同する市内の飲食店，土産品店，宿泊施設など約30店舗による「長谷津町民会」の応援キャンペーンが行われた[14]．さらに，2018

年４月からは，唐津市によるコラボ企画第３弾が開催され，登場人物の衣装やスケート靴を再現したり，描き下ろし画を展示したりする展覧会仕立てのイベント「ユーリ!!! on museum」が市内のホテルで約１か月半にわたって行われた[15]．このイベントに合わせ，大手旅行会社のJTBが『ユーリ!!! on ICE』聖地巡礼オフィシャルツアーを企画し，東京や博多を発着とする１泊２日ツアーが全５回催行されるなど全国的な盛り上がりを見せた．また，2018年８月には，アニメツーリズム協会による「訪れてみたい日本のアニメ聖地88か所」のひとつにこの『ユーリ!!! on ICE』の聖地として唐津市が選定され，さらに注目が高まっていったのである．市の調査によると，2016年12月から約２年間で聖地巡礼を目的に訪れたのは延べ６万人以上，うち1300人が海外40ヵ国から訪れた[16]．また，食事や宿泊による経済効果は，作品放映後の１年間で３億円にのぼったとされる[17]．

これら一連の唐津市における取組みをまとめると，アニメをきっかけとして唐津の存在を知ってもらう，さらに実際に足をはこんでもらう，そして訪問のついでに唐津の魅力を理解してもらうという，アニメファンの各行動段階に対応した工夫がなされ，アニメ聖地巡礼が地域振興につながる仕組みになっていることがわかる．2017年３月７日の西日本新聞（佐賀県版）では，「唐津の地名すら知らなかったが，『ユーリ!!! on ICE』の舞台を観たくて唐津にやってきた．観光客にあたたかく接してくれる土地柄が印象的．３泊してゆっくり楽しむ」という名古屋市の女子大学生の声が，また2019年１月17日の西日本新聞佐賀版では，「『ユーリ!!! on ICE』の巡礼をきっかけに唐津に惹かれ，年に数回は山のそばにある温泉施設に行く」という福岡市の20代女性の声が紹介されている．

そして彼らの中には，ただ旅行者として繰り返し唐津を訪れるだけでなく，やがて地域と深いつながり構築するに至るケースも多くみられる．2019年１月５日の西日本新聞では，アニメをきっかけに唐津に惹かれ通うようになった50代女性を紹介しており，それによると，この女性にとって，唐津はもはや「古里」のような存在であり心を落ち着かせる場所，いつか唐津に移り住みたいとのことである．また2020年５月27日の佐賀新聞では，当時コロナ禍において飲食店が苦しむ中，かつて聖地巡礼で唐津に訪れたファンたちが，その時のもてなしのお礼として地元飲食店を支援しようと，先払いチケットを購入したという出来事を紹介している．記事では，「大好きな唐津がピンチになっている．協力したい」というファンの声を伝えており，ファンたちは，聖地巡礼を通じて地域の人々と触れ合う中，作品のファンから地域のファンへと態度を変化させていることがわかる．

このような展開が可能となるのは，前項で述べた通り，アニメ制作者，地域社会，そしてファンがコンテンツへの敬愛を通じてよい関係を形成しているからであろう．2017年１月21日の西日本新聞（佐賀県版）では，『ユーリ!!! on ICE』のファンにきれいな街と思ってもらいたいと，聖地である商店街の清掃活動をはじめた50代の商店主男性をとりあげ，「アニメがなければ生涯唐津に来ることはなかったであろう若者たちが来てくれることが大きな効果」という住民の好意的な態度を紹介している．地域側にも，聖地巡礼をきっかけに地域資源を見つめなおし，磨きをかけていこうとする動きが生まれており，アニメが媒介となって，地域社会とファンが有機的に結びつき好循環を生み出しているといえるだろう．

おわりに

本章では，近年人気が高まっている新たな観光のスタイルとしてアニメ聖地巡礼行動に着目し，佐賀県唐津市を事例に，アニメ聖地巡礼を活用した地域振興の取組みについて紹介した．九州は豊かな観光資源に恵まれ，またアジア各国とのアクセスもよく，国内外を問わず人気の旅行先としての地位を確立している．すでに九州においては，観光が地域振興に果たす役割は大きいが，今後も観光のスタイルの変化に対応しながら様々な工夫をとりいれることで，ますますその可能性が高まっていくことだろう．

注

1）日本生産性本部『レジャー白書2023』.

2）日本観光振興協会『令和５年度版　観光の実態と志向』.

3）２）と同じ.

4）久喜市商工会鷲宮支所 HP「鷲宮＆らきすた　聖地10年史」(http://www.wasimiya.org/history/，2019年３月21日閲覧).

5）観光庁「訪日外国人消費動向調査」2023年年間値（https://www.mlit.go.jp/kankocho/tokei_hakusyo/gaikokujinshohidoko.html，2024年４月５日閲覧).

6）国土交通省総合政策局観光地域振興課・経済産業省商務情報政策局文化情報関連産業

課・文化庁文化部芸術文化課「映像等コンテンツの制作・活用による地域振興のありかたに関する調査報告書」(http://www.mlit.go.jp/kokudokeikaku/souhatu/h16seika/12eizou/12eizou.htm, 2019年3月21日閲覧).
7）同上.
8）『西日本新聞』(佐賀県版), 2016年12月15日.
9）『西日本新聞』(佐賀県版), 2016年12月27日.
10）唐津市HP「テレビアニメ『ユーリ!!! on ICE』と唐津市のコラボ決定!!!」(https://www.city.karatsu.lg.jp/kankou/event/2016yuurionice.html, 2019年3月21日閲覧).
11）サガプライズ！　HP「サーガ!!! on ICE」(https://sagaprise.jp/sagaonice/, 2019年3月21日閲覧).
12）唐津市HP「『ユーリ!!! on ICE』コラボ開催時のアンケート調査結果」(https://www.city.karatsu.lg.jp/kankou/event/yu-rianke-to.html, 2019年3月21日閲覧).
13）唐津市HP「『ユーリ!!! on ICE』とのコラボ企画「サーガ!!! on ICE」第2弾」(http://www.city.karatsu.lg.jp/kankou/yurisagasaga.html, 2019年3月21日閲覧).
14）唐津市HP「テレビアニメ『ユーリ!!! on ICE』長谷津市の応援店舗」(https://www.city.karatsu.lg.jp/kankou/event/hasetsu-support-store.html, 2019年3月21日閲覧).
15）唐津市HP「『ユーリ!!! on ICE』とのコラボ企画「サーガ!!! on ICE」第3弾」(https://www.city.karatsu.lg.jp/kankou/event/saga-on-ice-3.html, 2019年3月21日閲覧).
16）『西日本新聞』(佐賀県版), 2018年12月6日.
17）『西日本新聞』(佐賀県版), 2017年12月12日.

参考文献

岩崎達也［2021］「アニメ聖地巡礼者の行動分析――関与度と行動動機――」『関東学院大学経済経営研究所年報』43.

大方優子・岩崎達也・津村将章［2017］「高関与旅行者の関与と行動動機――佐賀県唐津市「ユーリ!!! オン アイス」の聖地巡礼を事例として――」『日本観光研究学会全国大会学術論文集』32.

岡本健［2009］「アニメ聖地巡礼の誕生と展開」『CATS叢書 メディアコンテンツとツーリズム』1.

――――［2013］『n次創作観光――アニメ聖地巡礼／コンテンツツーリズム／観光社会学の可能性――』北海道冒険芸術出版.

平井智尚［2008］「アニメーション, ゲームファンと「聖地巡礼」――メディアコミュニケーションからのアプローチ――」『慶応大学大学院社会学研究科紀要』66.

前田勇［1995］『観光とサービスの心理学――観光行動学序説――』学文社.

増淵敏之［2012］「コンテンツツーリズムの現状とその課題」『都市計画』61（1）.

――――［2014］「アニメの舞台を訪ねる旅」，コンテンツツーリズム学会編『コンテンツツーリズム入門』古今書院.

山村高淑［2009］「観光革命と21世紀――アニメ聖地巡礼型まちづくりに見るツーリズムの現代的意義と可能性――」『CATS 叢書 メディアコンテンツとツーリズム』１.

山村高淑［2018］『コンテンツが拓く地域の可能性――コンテンツ製作者・地域社会・ファンの三方良しをかなえるアニメ聖地巡礼――』同文舘出版.

第8章

文化芸術政策の新たな展開

はじめに

近年，地域と密着した芸術祭が各地で数多く開かれるようになっている．専門誌のみならず，旅行ガイドブックやテレビ番組でも芸術祭の特集が組まれるようになり，アートを目的に訪れる観光客が増加している．国の文化芸術政策において，観光・まちづくり・産業等との連携を推進する方向性が示されたことも，文化芸術を活用した地域振興・地域活性化の取り組みを加速させる一因ともなっている．

本章では，第１節で国および地方公共団体における文化芸術政策を概観し，第２節では自治体におけるアーティスト支援と政策活用の現状を述べた後，第３節において大分県別府市を活動拠点とするアートNPOによるアートを活用した取り組みを整理し，第４節においてアーティストを対象とした移住支援について論じる．

1　文化芸術を活用した地域政策

1　国の文化芸術政策

2017年に「文化芸術振興基本法」が改正され，新たに「文化芸術基本法」が施行された．この改正において，文化芸術そのものの振興にとどまらず，観光，まちづくり，国際交流，福祉，教育，産業その他の関連分野等における施策との連携や，文化芸術により生み出されるさまざまな価値を文化芸術の継承，発展および創造に活用することが盛り込まれた．

さらに2020年には，地域において文化芸術の理解を深める機会を拡大し，文化振興を起点に観光振興および地域活性化の好循環を創出することを目的とする「文化観光拠点施設を中核とした地域における文化観光の推進に関する法律」（文化観光推進法）が施行された．文化観光とは，文化観光推進法第２条において「有形又は無形の文化的所産その他の文化に関する資源（文化資源）の観覧，文化資源に関する体験活動その他の活動を通じて，文化についての理解を深めることを目的とする観光」と定義されている．文化観光の振興によって，消費活動の拡大・地域の活性化をもたらし，その経済効果が新しい文化の創造を含めた文化振興に再投資されることを期待している．

また，2023年に策定された文化芸術推進基本計画（第２期）においても，「文化芸術は，近年，観光・まちづくり・国際交流・福祉・教育・産業その他の分野との緊密な連携の下，様々な価値を生み出しており，今後も，創造的な社会・経済活動の源泉として，デジタル化等の技術革新を取り入れながら，新たな価値や収益を生み，それが本質的価値の向上のために再投資されるといった好循環を通じて，我が国社会の持続的な発展に寄与し続けていくことが期待される」として，文化芸術の推進による地域の価値創造と社会・経済の活性化への方向性が示されている［文化庁 2023：２］．

こうした動向をふまえると，文化芸術政策は，文化芸術の本質的価値および社会的・経済的価値といった文化芸術の多様な価値を，文化芸術の継承・発展ならびに創造へと好循環をさせることを通じて「文化芸術立国」を実現させるものであり，従前から実施してきた芸術作品の創造，鑑賞機会の提供，文化芸術活動の継承を基本としつつも，観光振興，地域活性化などの地域政策との連携を図るなど，政策活用の方向性が読み取れる．

２　地方公共団体における芸術文化政策

こうした国の動きを先行する形で，近年，地域活性化，まちづくり等を目的とした芸術祭やアートプロジェクトの開催，アーティスト支援施策を行う地方公共団体（以下「自治体」とする）が増加している．例えば，国際的な野外現代アートの祭典の嚆矢とされる「大地の芸術祭・越後妻有アートトリエンナーレ」が2000年に始まったが，当初より開催の目的に「交流人口の増加」「情報の発信」「地域の活性化」を掲げ，地域振興を目指している［越後妻有大地の芸術祭実行委員会 2019：２］．また，「横浜トリエンナーレ」（2001年開始），「国際芸術祭『あいち』」（2010年開始）は，都市部における国際芸術祭として定着し，アーティストの作品を美術館で鑑賞するだけでなく，まちなかにも鑑賞エリアを広げることで賑わいや経済効果をもたらせている．さらに，国内外からアーティストを一定期間招聘し，アーティストが滞在して制作をおこなうアーティスト・イン・レジデンス事業も活発に行われ，アーティストと地域住民が交流を深めるなど，各地で多様な取り組みが実施されているが，アーティストの創作活動の支援の側面もある．

これらのように，芸術祭の開催やアーティストの支援は，住民が芸術文化に触れる機会にとどまらず，賑わいづくり，交流人口の増加，地域イメージの発信，創造性の向上などの相乗効果が期待されることから，地域政策の一環として経済・観光・まちづくりの分野と連携させた取り組みが推進されるようになっている．

2　自治体のアーティスト支援

1　福岡市における文化芸術政策とアーティスト支援

近年の九州地域の状況をみると，福岡市では，2022年に「Fukuoka Art Next」事業を開始した．Fukuoka Art Next は，アートのある暮らしとアートスタートアップの2本の柱で事業を推進することで，アートの力による都市の成長と生活の質の好循環を創り出し，人と環境と都市活力の調和がとれたアジアのリーダー都市を目指している［福岡市 2022］．2022年9月1日には，アーティストの成長・交流拠点「Artist Cafe Fukuoka」をオープンし，アーティストやアーティストを目指す人等の相談や企業等とのマッチングを行っている[1)]．さらに，一般社団法人アートフェアアジアが2015年より開催している「ART FAIR ASIA FUKUOKA（AFAF）」に，2022年から福岡市が共催するようになった［阿部 2023：20-22］．アートフェアは，アーティストの作品を販売するビジネスの場であるが，福岡市では，商業的な事業であってもアーティスト支援に積極的に関わろうとする姿勢が見られる．

2　アーティスト支援と政策活用

アーティスト・イン・レジデンス事業や芸術際の開催において，自治体が公費を支出して関わることになれば，地域振興や地域経済活性化が目的にならざるを得ない．しかし，芸術際に参加した若いアーティストにまちづくりに参加してもらうことを期待する向きもあるが，アーティストからすると地域に関わるのはあくまで作品の創作が目的であり，地域の再生は副次的な目的でしかない［田代 2022：232-234］のである．

また，地域活性化の道具として，なし崩し的に現代アートが巻き込まれる状態に対する批判もみられるが［藤田 2016：23-24など］，近年，文化芸術が社会的注目を集めるようになったのは，地域の「総合的な活性化」に貢献できる可能性が見出されたからにほかならない［田代 2022：213］との指摘もある．アーティストサイドの創造性を損なうことなく，政策目標を達成するための方策を探ることが必要となる．アーティストの創作活動を支援しつつ，地域活性化や住民との交流を促すためには，中長期にわたる支援スキームが必要となるだけでなく，居住地を変更することで創作活動に刺激を求めるアーティストに対して，地域づくりと連動した創作活動を促す役割を定期的な人事異動が伴う公務員が担うのは難しい．このような中，大分県別府市には，こうしたアートの持つ多元的な役割に注目し，自治体，アーティスト，地域住民をつなぎながら地域活性化に取り組むアート NPO（BEPPU PROJECT）が存在する．

3 大分県別府市におけるアートに関する取り組み

1 別府市の概要

別府市は，国際的な観光・温泉等の文化・親善を促進する地域として特別法（別府国際観光温泉文化都市建設法）により指定された国際観光温泉文化都市である．人口は，県内では大分市につぎ２番目となる約11万4000人，市内には約3000人の留学生が勉学に励んでいる．別府市には，別府八湯という８カ所の温泉地，2847の源泉があり，毎分の湧出量は10万2000リットルと，日本一の源泉数・湧出量を誇る．2000年には，留学生が学生の半数近くを占める「立命館アジア太平洋大学」が開学し，近年では，国内外からの観光客だけでなく，世界中の国や地域から来た多くの留学生が暮らす多文化共生のまちとして広く知られるようになっている［別府市 2023a］．

2 NPO 法人 BEPPU PROJECT

BEPPU PROJECT は，大分県別府市を活動拠点とするアート NPO である．2005年に任意団体として BEPPU PROJECT を設立し，2006年には NPO 法人 BEPPU PROJECT（以下「BP」と記す）として法人化した．BP では，現代芸術の紹介や普及，フェスティバルの開催や地域性を活かした企画の立案，人材育成，地域情報の発信や商品開発，ハード整備など，さまざまな事業を行っている.[2)]

BP の設立者である山出淳也（現 Yamaide Art Office 株式会社　代表取締役）は，アーティストとしてパリに在住していた際，目にした別府の路地裏散策ツアーの記事に触発され，別府市に移住した．その際，4年後にアートフェスティバルを開催することを目標とし活動をはじめる．否定的な意見もある中，多くの賛同者を得て2009年には芹沢高志と共同でトリエンナーレ形式の別府現代アートフェスティバル「混浴温泉世界」を10年間期限のプロジェクトとしてスタートさせ，現在までにさまざまなアートプロジェクトを継続，発展させている.

山出は，アーティストは，直接まちづくりに関わる存在ではなく，アーティストがまちをキャンバスとして制作した作品を通して，市民に気づきを与えたり，創造性を喚起することによって，市民がまちを変えるきっかけをつくる触媒であると述べている.[3)]

表8-1にこれまでの BP の主な活動を示す.

2021年度には，職員24名，売上5億6000万円を超え，アート NPO としては国内有数の規模に成長した．これを期に BP を長く続く組織にするために，山出は2022年3月に代表理事を退任し，後進へとバトンタッチをした［山出 2023：1］．特に，アートによるまちづくりに関わる場合，必要とされる能力は属人的なところもあり，NPO の継承は難しいともいわれているが，将来に向けた人材育成も進められていることがわかる.

活動への評価も高まっており，地域再生のための活動が評価され，2022年度グッドデザイン賞を受賞した．グッドデザイン賞審査委員による評価コメントにおいて，BP は，民設・民営というのが大きなポイントであり，いまやその活動は市や県の政策に影響を与えるほどになっている．形から入った公民連携ではなく，現実に築き上げた公民連携，時間をかけてコンセンサスを築き上げた形を高く評価している.[4)] さらに「九州観光まちづくり AWARD2023」では大賞を受賞し，温泉地をアートで盛り上げ，収益を生み出す循環ができているのが素晴らしく，アートで地域おこしをする団体のお手本になるのではないか[5)]と評価されているように，日本を代表するアート NPO のひとつであるといえる.

表 8－1　BEPPU PROJECT の活動

年	主な活動・事業・受賞
2005	BEPPU PROJECT　任意団体として設立
2006	NPO 法人　BEPPU PROJECT として法人化
2007	国際シンポジウム『世界の温泉文化創造都市を目指して』開催 学校や福祉施設へのアウトリーチ活動開始（～2019年度）
2008	中心市街地の空き店舗を文化施設にリノベーションする『platform』整備事業
2009	現代アートフェスティバル「混浴温泉世界」開催（2012・2015年開催）
2010	「BEPPU PROJECT 2010　アート，ダンス，建築，まち」開催 市民文化祭「ベップ・アート・マンス」開催（毎年開催） 清島アパート運営＋芸術家の滞在制作事業開始（継続） セレクトショップおよびアート宿の運営（継続）
2011	旅手帖 beppu 発刊（2013年からは web サイトに移行）
2012	「国東半島芸術祭」など県内各地でアートプロジェクト開催
2013	アート活用ブランド創出事業『Oita Made』開始 2017年に地域商社「Oita Made 株式会社」へ譲渡
2014	まちじゅう美術館事業「壁画プロジェクト」
2015	『おおいたトイレンナーレ　2015』開催
2016	大分県版クリエイティブ産業「CREATIVE PLATFORM OITA」開始（～2020年度） 個展形式の芸術祭「in BEPPU」（2021年まで毎年開催）
2018	「国民文化祭おおいた2018」アドバイザー
2020	「文化観光ツアー」実施（継続）
2021	「山口ゆめ回廊博覧会」開催
2022	「ALTERNATIVE-STATE」（パブリックアート設置事業）開始（継続） 「東アジア文化都市2022大分県」のコア事業　塩田千春個展 マルシェ・クリエイターズマーケット『まつばらマルシェ』開始（継続） 「2022年度グッドデザイン賞」および「グッドデザイン・ベスト100」「グッドフォーカス賞[地域社会デザイン]」受賞
2023	別府市創造交流発信拠点「TRANSIT」運営開始 JR 九州「九州観光まちづくり AWARD2023」大賞受賞 「Art Fair Beppu 2023」開催（「ART FAIR ASIA FUKUOKA 2023」と連携）
2024	レンタルスタジオ「BEPPU STUDIO 01」運営開始

（出所）BP ホームページおよび BP 提供資料をもとに筆者作成.

写真８－１　アニッシュ・カプーア『Sky Mirror』
（出所）筆者撮影.

３　BP のアートプロジェクト

表８－１に示すとおり，BP は多彩な事業を実施してきた．2009年から現代アートフェスティバル「混浴温泉世界」をトリエンナーレ形式で３回開催した．2010年からは，市民文化祭「ベップ・アート・マンス」を毎年開催している．「ベップ・アート・マンス」を通じて，小規模文化団体の育成・支援により，市民の主体的な参画を促進し，別府市における芸術文化の振興と活力あふれる地域の実現を目指す取組としている．BP が事務局を担い，広報協力，事務局業務代行，企画立案から実現に向けたサポートをおこなっている［混浴温泉世界実行委員会 2022：８］．企画の相談や情報交換をおこなう交流の場として「ベップ・アート・マンスをつくろう会」をプログラムとして実施し，2013年にスタートしてから，これまでに通算150回以上も開催し［混浴温泉世界実行委員会 2023：８］市民へのアートのすそ野を広げる取り組みを行っている．

2016年には「混浴温泉世界」の後継企画として毎年１組のアーティストによる個展形式の芸術祭「in BEPPU」を開催し，2018年にはアート界の巨匠といわれる，アニッシュ・カプーア（写真８－１）を招聘することで，国内外に別府の存在を示すことができた［混浴温泉世界実行委員会 2022：116］．

BP では，アーティストと交流し，活動を支援する場として2025年に開催予定の「Art Fair Beppu」のプレ事業「Art Fair Beppu 2023」（2023年９月23日～25日）を開催した．また，同時期に福岡市で開催されたアートフェア「ART

FAIR ASIA FUKUOKA 2023」と連携し，両会場をつなぐ無料直通バスを運行するなど[6]，地域範囲を拡大した展開を模索している．前 BP 代表理事の山出が Artist Cafe Fukuoka のエグゼクティブアドバイザーに就任しており，こうした県域を超えた連携がさらに進めば，より大きな政策効果が見込まれると考えられる．

4　アートは地域に受容されるのか

BP の取り組みに対して，地域住民や地域事業者から多くの賛同者を獲得する契機となったのが「BEPPU PROJECT 2010　アート，ダンス，建築，まち」であろう．別府の地域性を活かした「まちなかアートフェスティバル」として，「アーティストが町に滞在する」，「市民が関わり作品が生まれる」を大きな柱に，2010年３月６日～22日の期間，別府市中心市街地を会場として開催された．総観客動員数は，のべ7312人，来訪者アンケートの結果によると20～30代の層が多数であった．開催にあたって，作品は「混浴温泉世界」のように異世界の創出を試みるのではなく，日常のさまざまな場面にアートとの出会いを設けることとした．商店街や老人会，自治会，PTA などと連携をとり，教育機関や行政からの信頼を厚くするため，対面での広報を心がけた．また，アーティストがまちに滞在することによって，地域住民と，国内外の多様なアーティストとの交流の場が日常的に生まれるようにしたことで，商店街でのダンス公演では，商店街を使用するにあたって道路の使用申請や，商店街の電気・スピーカーの使用等を快く受け入れてくれるようになった．また，３月の繁忙期であるにもかかわらず，旅館全館を貸し切ってのダンスの公演が実現した［NPO 法人 BP 2010：４；11-12；26］．

ダンス公演のために旅館を会場として提供したのは，山田別荘の女将である．女将は幼少よりクラッシックバレエをしていたことからアートには興味があったが，はじめは BP の取り組みに興味がなかったという．2009年の「混浴温泉世界」のコミュニティダンスのイベントに参加したことをきっかけに，ダンサー・振付家の北村成美と交流が始まり，山田別荘でのダンス公演の総合演出も北村が務めている．その後も BP の会議場所として，また，アートイベントの会場として旅館の部屋を提供するようになった．他にもアーティストを支援する住民はまちなかに複数存在するという[7]．このように，PB の地道な取り組みを通して，徐々にアートが地域住民に浸透してきた経緯が見て取れる．

4 アーティストを対象とした移住政策

1 アーティスト移住政策の現状

少子化・人口減少問題への対応が重要政策課題となっていることを受けて，多くの自治体では移住促進の事業に取り組んでいる．内閣府の「移住・定住施策　優良事例集」をはじめ，自治体の成功事例の多くが公開され，移住の支援策として就業支援，子育て支援，住宅支援が大きな柱となっている．一方で，移住者が定住化するとは限らず，地方移住を中断する場合では，中断の半数は３年以内に行われ，地方移住は短命に終わりやすい傾向が指摘されている．また，地方移住して間もない段階（２年以内）においては，仕事や生活の利便性，文化的環境の相違等が中断要因としてあげられているが，比較的長期間（６年以上）が経過した移住者の中断要因として，人間関係や排斥など社会生活の問題があげられており［加藤・前村 2023：66］，長期間にわたって定住することの難しさも垣間見える．

一方，移住者の多寡を競うよりも，地域経済に好影響を与える人材の集積を目指す戦略が重要［山出 2023：１］との考えもある．例えば，アーティストを対象にした移住政策に取り組む自治体も見られる．京都市では，2023年度から「文化芸術による少子化・人口減少対策」を推進しており，芸術家等の京都への移住・居住推進のため必要な支援策の情報発信と各種相談に対応する「京都市文化芸術総合相談窓口（KACCO）」を開設している[8)]．また，兵庫県豊岡市では，2018年に「アーティスト・クリエーター移住等促進戦略」を策定した．2021年には芸術文化観光専門職大学が新設され，社会や生活の多様な場面に，演劇や演劇的なものの考え方が染み込んだ「深さをもった演劇のまち」をめざし，アーティストの移住促進に取り組んでいる[9)]．アーティストの移住促進には，京都市の歴史文化，豊岡市の演劇のまちといった地域性も要因のひとつとなる．

2 別府市におけるアーティスト移住政策

BPは，2010年から若手アーティストに月額１万円で，住居とアトリエを貸し出す「清島アパート」の運営にも関わってきた．こうした取り組みを経てこれまでに120人を超えるアート関係者が移住し，その数は別府市の人口の0.1％を占めるまでになっている［中嶋 2023：11］．別府市では，活動や制作の拠点を求めて移住を希望するクリエイターやアーティストが増えはじめたことを受け，その中心となる拠点として，2023年１月「TRANSIT」(別府市創造交流発信拠点) をオープンした．運営は，BP が担い，別府市内の文化芸術に関する情報を発信するとともに，創造的な人材の移住支援や活動紹介，地域課題や企業の困りごとを創造的に解決する人材とのマッチング業務などを通じ，地域と創造力とのつなぎ手となることで，より魅力的で住みたくなる地域づくりを目指している[10]．この取り組みを進めることにより，2030年度にはアーティストの移住者が1200人になることを目標としている［中嶋 2023：14］．

3　アーティストが別府を選ぶ理由

別府にアーティストが移住するようになったのは，BP によるアートの取り組みに加えて，「清島アパート」のような安価な住居とアトリエが存在していることも理由であろう．また，移住したアーティストが，全国のアーティスト仲間に別府の魅力を伝えることで，アーティスト等の移住につながっていると考えられる．しかし，他の地域でも同様にアーティストの移住支援事業は展開されており，アーティストの移住者を1200人とする目標達成は容易ではないが，別府には他の地域にはない特長があると考えられる．

前出の北村は，現在関西在住である．北村は，これまで公演で訪れたまちで，まちの人々と関係性が長く続いているのは別府だけだという．北村の子どもが乳児であった頃，公演の際にはベビーカーに乗せて連れて行っていたが，別府では公演中は誰かが子どもの面倒を見てくれ，託児サービスを利用する必要がなかった．その子どもが成長した現在，幼馴染や親戚のようになった別府の人々とイベントを楽しむために自分の意思で別府を訪れるようになっている．また，「ベップ・アート・マンス」では，「地獄の妖精♨ゴールデンしげアフロ」というキャラクター（写真８－２）に扮してまちをめぐり，パフォーマンスを披露しているが，こういったパフォーマンスは別府でしかできないという．これらの経験をふまえ「作り手はどうしても作品やアーティストである自分が認められることに気を取られがちなのですが，かけがえのない関係性の中にこそ最高のアートの根源があることを教えてもらっているような気がします」と述べている[11]．

現在，清島アパートに居住する一人芝居と呼ばれる創作型パフォーマンスアーティストの東京デスティニーランドも，アトリエは自由に使用できるのが

写真8－2　「地獄の妖精♨ゴールデンしげアフロ」に扮した北村成美

（出所）北村成美提供.

魅力であり，好きなコスチュームでまちを歩いても，老若男女問わず「アーティストは何をしているかよくわからないけど，何かをしている人」として受け入れてくれ，自由な表現を阻害されない[12]ことを別府に居る理由としてあげている.

4　別府がアーティストに寛容である背景

前述したとおり，別府は，日本有数の温泉地として多くの観光客が訪れる場所である．さらに，立命館アジア太平洋大学に通う多くの留学生が暮らす多文化が共生するまちでもある．また，1995年より続く「アルゲリッチ音楽祭」，そしてBPのアート事業により長い年月をかけて多様なものや文化芸術を受け入れる土壌が醸成されていったと考えられる.

別府市民の異質なものを受け入れる受容性は，別府市が2023年に実施した市民意識調査結果にも表れている（図8－1）.

「別府市の住民は，地域外から来た人には疑いの目を向ける」に「非常にあてはまる」，「ある程度あてはまる」と回答したのは，14.2%，「あてはまらない」「あまりあてはまらない」は，46.0%であった．「別府市では，少しでも変わったことをすると周りからとやかく言われる」との質問に「非常にあてはまる」，「ある程度あてはまる」と回答したのは17.9%であり，「あてはまらない」

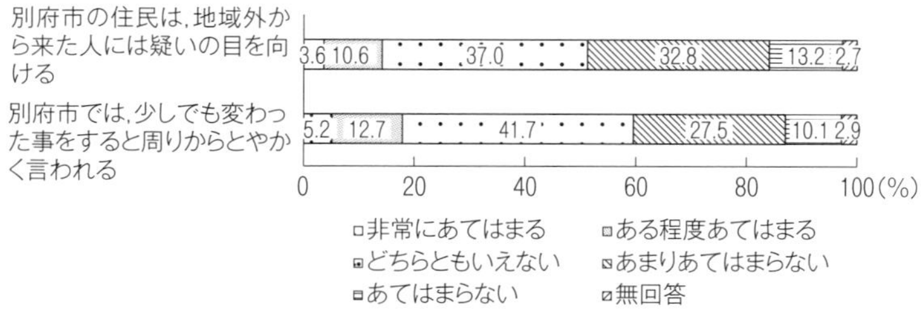

図 8－1　別府市住民の意識

（出所）「まちづくりに関する市民意識調査報告書令和 5 年度」より抜粋し，筆者作成．

「あまりあてはまらない」は，37.6％であった．［別府市 2023b：41］他の地域の同様の調査結果と比較することはできないが，移住の中断要因として，人間関係や排斥など社会生活の問題［加藤・前村 2023：66］があげられているように，変わったことをしてもとやかく言う，地域外の人を疑いの目を向ける住民が少ないということは，排斥が起こりにくい地域ともいえ，アーティストにとっては住みやすく，自由に活動しやすい地域であるといえるのではないだろうか．

お わ り に

本章では，文化芸術政策が地域の価値創造や社会・経済の活性化との関連で注目される中，BP の取り組みを軸として，大分県別府市におけるアートを活用した地域政策への展開およびアーティストの移住支援の様相について素描を行った．芸術祭の地域活性化効果は多くの場合，開催期間中だけの限定的なものとなりやすい．BP が取り組んだ「混浴温泉世界」や「in BEPPU」は，国内外への別府の魅力創出に貢献したが，芸術祭の取り組みだけでは地域活性化効果に限界があったといっても過言ではないだろう．一過性の効果にとどまることなく，「ALTERNATIVE-STATE」によるパブリックアート設置事業，「TRANSIT」の開設によるアーティスト移住支援へと事業を展開することで，定常的にアートがまちにあり，創造性が常に喚起される，魅力あるまちを目指そうとする戦略が伺える．

一方で，自治体が芸術祭を企画する，アーティスト支援を行うことは難しく，BP に見られるアートと地域を結合する中間支援の役割を担う組織があってこそ実現できたと言わざるを得ない（図 8－2）．

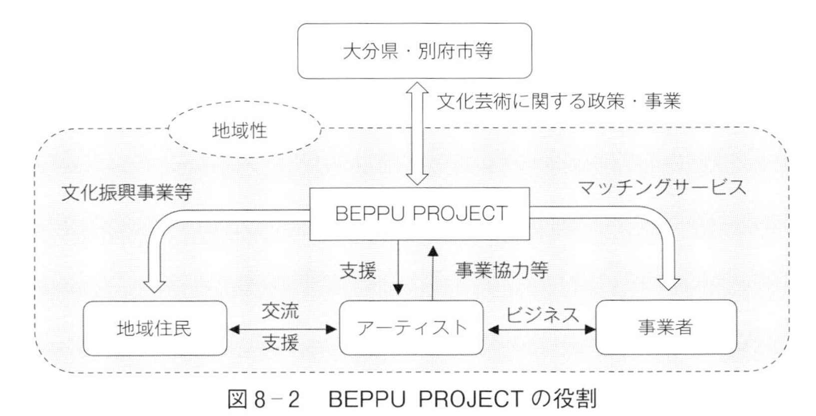

図８－２　BEPPU PROJECT の役割

（出所）筆者作成.

BP がアートを活かした取り組みにより，20～30代の観光客の取り込み，アーティストを引き寄せることができたのは，BP の取り組みが優れていることに他ならないが，温泉地別府のもつ長年培われた多様な人が流動し，受け入れる素地をもった地域性がそれらを可能にしていると考えられる．こういった条件を鑑みるに，どの地域においても同じような取り組みを展開すれば成功できるものではなく，地域性に応じた政策が求められるといえよう．

注

１）Artist Cafe Fukuoka HP（https://artistcafe.jp/，2024年２月５日閲覧）．

２）BEPPU PROJECT HP『BEPPU PROJECT とは』（https://www.beppuproject.com/aboutus，2024年２月５日閲覧）．

３）NPO 法人 BEPPU PROJECT 代表理事（当時）山出淳也氏に対するインタビュー内容に基づく（2012年11月26日実施）．

４）グッドデザイン賞 HP（https://www.g-mark.org/gallery/winners/13267，2024年２月５日閲覧）．

５）JR 九州 HP『九州観光まちづくり AWARD』（https://www.jrkyushu.co.jp/train/award/，2024年２月５日閲覧）．

６）BEPPU PROJECT HP『Art Fair Beppu 2023』（https://artfairbeppu.com/，2024年２月17日閲覧）．

７）山田別荘女将山田るみ氏に対するインタビュー内容に基づく（2022年10月30日実施）．

８）京都市文化芸術総合相談窓口（KACCO）HP（https://www.kyotoartsupport.com/，

2024年2月17日閲覧).

9) 豊岡市 HP(https://www.city.toyooka.lg.jp/shisei/chihososei/1019168/1006335.html, 2024年2月17日閲覧).

10) 別府市 HP(https://www.city.beppu.oita.jp/gakusyuu/bunkakatudou/transit.html, 2024年2月17日閲覧).

11) ダンサー・振付家の北村成美氏に対するインタビュー内容に基づく(2022年10月30日実施).

12) 清島アパートにおいて,東京ディスティニーランド氏に対するインタビュー内容に基づく(2023年9月24日実施).

参考文献

阿部和宣[2023]「福岡にアジアのアートマーケットを――ART FAIR FUKUOKA の挑戦――」『九州経済調査月報』77.

越後妻有大地の芸術祭実行委員会[2019]『大地の芸術祭越後妻有アートトリエンナーレ2018総括報告書』.

加藤潤三・前村奈央佳[2023]「地方移住をやめるとき――計量テキスト分析による移住の中断要因の検討――」『立命館産業社会論集』59(3).

混浴温泉世界実行委員会[2022]令和4年度事業報告書.

――――[2023]「ベップ・アート・マンス2023プログラム」.

田代洋久[2022]『文化力による地域の価値創出――地域ベースのイノベーション理論と展開――』水曜社.

中嶋文香[2023]「大分県別府市におけるアートプロジェクトの取り組み――西日本最大級のアート NPO『BEPPU PROJECT』の挑戦と成果――」『九州経済調査月報』77.

福岡市[2022]「『Fukuoka Art Next』始動!〜彩にあふれたまちへ〜」『令和4年4月11日記者発表資料』.

藤田直哉編[2016]『地域アート――美学/制度/日本――』堀之内出版.

文化庁[2023]『文化芸術推進基本計画(第2期)』.

NPO 法人 BEPPU PROJECT[2010]『BEPPU PROJECT 2010 アート,ダンス,建築,まち 事業報告書』.

別府市[2023a]『令和5年度(2023)別府市の概要』別府市企画戦略部政策企画課.

――――[2023b]『まちづくりに関する市民意識調査報告書令和5年度』.

山出淳也[2018]『BEPPU PROJECT2006-2018』NPO 法人 BEPPU PROJECT.

――――[2023]「我々の中に宿る創造力を再び活性化させる」『九州経済調査月報』77.

第9章

ホームレス支援の現場に見る，新たな社会構想
——九州地域における実践を事例として——

はじめに

本章では「ホームレス支援の現場に見る，新たな社会構想」をテーマに，九州地域で活動されている3団体の実践事例を紹介する．

まず第1節において，日本のホームレス問題が1990年代以降どのような変遷を遂げたかを確認する．そのうえで，そのようなホームレス問題の変遷に上記3団体がどのように取り組んできたのかを第2節において紹介する．続く第3節において，考察と結論を述べる．

1 ホームレス問題の変遷

1 構築されるホームレス問題

日本において，ホームレス問題が本格的に議論されるようになったのは1990年代のことである．その背景の一つに，当時バブル崩壊や産業構造の変容といった要因によって寄せ場労働者が職を失い，野宿者として都市において顕在化したことが挙げられる［北川 2019］．寄せ場とは仕事を求める日雇い労働者と労働力を求める業者が集う場のことで，東京・山谷，大阪・釜ヶ崎（かまがさき），横浜・寿町が知られている．それ以前から，寄せ場労働者の一時的な「仕事待ち野宿」は存在していたが［島 1999］，自治体や国レベルで解決していくべき問題としては認識されていなかった［岩田 1997］．

それがホームレス問題として構築されていく過程には，例えば，大阪においては釜ヶ崎の外へ日雇い労働者が野宿者として「流出」し［島 1999］，周辺の公園にテント村を築くことで住民との間に軋轢を生んだことが挙げられる．2000年頃から大阪市が公園に仮設一時避難所の建設を計画すると，周辺住民か

ら反対運動が起こった［森田編 2001］．また東京においては，1992年頃から新宿駅の西口地下通路に300ほどの「段ボールハウス」村が出現したが，1996年１月には大がかりな「強制撤去作業」が行われた［岩田 2000］．このように，日本におけるホームレス問題はまず，「公共空間の占拠の問題」というかたちで先鋭化した．

野宿者の急増・拡大現象を受け，1998年頃より東京都や大阪市など自治体による野宿者実態調査が行われるようになった．そして国の要請で関係省庁や地方自治体，有識者による「ホームレス問題に対する当面の対応策について」が1999年５月に取りまとめられた．それを受けて2002年には「ホームレスの自立の支援等に関する特別措置法（以下，特措法）」が成立し，2003年には「ホームレスの自立の支援等に関する基本方針」が策定された．「特措法」以降，ホームレス問題は福祉の問題や失業問題として人々に認識されるようになり，ホームレス状態の人々は「被支援者」として位置づけられることとなった．

2008年にリーマン・ショックが世界を襲うと日本にもその影響が及び，いわゆるネットカフェ難民などもメディアで報じられるようになった．国によって実態調査もなされ［厚生労働省職業安定局 2007］，若年失業者問題としても位置づけられ始めた．

厚生労働省の「ホームレスの実態に関する全国調査」によると，2003年には２万5296人いたとされるホームレスの人々だが，2023年には3065人と激減している（図９-１）．だがこの厚生労働省の調査は2002年に成立した「特措法」に基づいており，同法における「ホームレス」とは「都市公園，河川，道路，駅舎その他の施設を故なく起居の場所とし，日常生活を営んでいる者」（第２条）とされており，いわゆる野宿者を指す．

一方で先行研究においては，ホームレス状態に陥る人々が，かつてのような寄せ場労働者を主とした野宿者だけではなく，若者，ひとり親家庭，移民など「多様化・非顕在化」［堤 2010］していることが指摘されている．そして，従来の寄せ場のように特定の地区に集中して存在するのではなく，空間的に分散していること［北川 2019］や，ネットカフェなどの商業施設のみではなく知人宅に泊まっていたり［後藤 2018］，車中で暮らしたりしているため，公の統計には現れない「隠れたホームレス」が増えていることも指摘されている[1)]．そこで，本章では公園，路上などで野宿する人々を「野宿者」と呼び，野宿ではないものの安定した住環境を持たない人々を「広義のホームレス状態にある人々」と

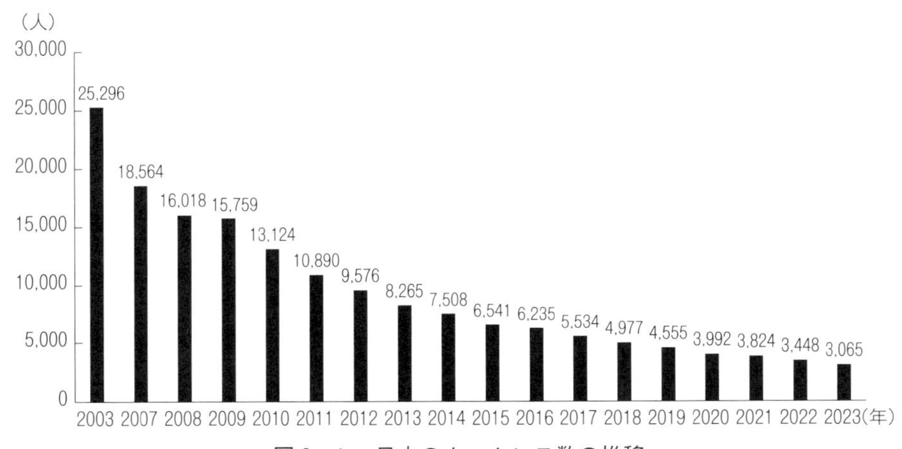

図9－1　日本のホームレス数の推移

(注) 2004年～2006年は調査が行われなかった.
(出所) 厚生労働省「ホームレスの実態に関する全国調査」をもとに筆者作成.

呼ぶことにする．また，両者を合わせて「ホームレス状態にある人々」「ホームレスの人々」と呼ぶ.

2　ホームレス問題，変容の背景

日本においてホームレス状態にある人々が多様化してきている背景には,「仕事」「家族」をめぐる状況が劇的に変化していることがある．例えば仕事の状況を見てみると1990年に881万人だった非正規雇用者数は2022年に2101万人となっている[2)]．また家族の状況を見てみると，50歳時未婚率が1990年には男性の5.6%，女性の4.3%だったのが，2020年には男性の25.7%，女性の16.4%となっている［総務省統計局 2020］.

このように仕事や家族によって生まれていた居場所やつながりが急速に失われている中，ホームレスの人々も前述のように多様化している．それではこれまで仕事や家族によって担われてきた居場所やつながりの機能はどのように代替・補完される可能性があるのだろうか．次節以降では九州地域における3つの団体の活動を紹介しながら考察していきたい.

2 九州地域における取り組み

1 認定 NPO 法人 抱樸

九州地域でホームレス支援をおこなっている団体は数多く存在するが，本節では特に３つの団体に焦点を当てて紹介をしたい．

１つ目は北九州市などを拠点に活動している認定 NPO 法人抱樸（ほうぼく）である．その歩みはホームレス問題が日本で深刻化しつつあった1988年に遡る．同年12月に「北九州越冬実行委員会」として活動を開始．野宿者へお弁当を配り，相談を聞き始め，住まい・仕事の支援を行った[3]．2000年には NPO 法人となって活動を持続させてきた．

活動開始から25年を経た2014年には名称を「抱樸」とした．「山から切り出された原木・荒木（樸）をそのまま抱き止めることを意味するこの名称は，『自己責任』など，『断る理由』が横行する日本社会に対する『対抗文化』を意味」するという[4]．

抱樸の支援の最大の特徴とも言えるものが「伴走型支援」である．伴走型支援とは従来の問題解決型の支援に加え，たとえ解決できなくても「つながり続ける」ことを重要視する支援のあり方である．

理事長の奥田知志［2018：21］によると，今日生活困窮者支援に留まらず福祉分野全体で「自立支援」が重視されており，これまでは「自立した人が社会参加できる」「社会参加するためにはまず自立しなさい」と言われてきたという．だが，伴走型支援の場合は「参加は自立の前提だ」と考える．「参加」が脆弱になると，就労の意義や動機が失われ，その結果働くことができなくなるからだという．

実際，福岡市にある関連施設である抱樸館福岡（**写真９−１**）で聞き取り調査（2023年６月）をした際，入居者への自立のサポートとともに地域生活への移行中の退居者へのフォローも重視されているとお聞きした．退居者が孤立しないように年賀状や手紙を送り，誕生日には電話をかけてコミュニケーションをとっているという．また退去後のさまざまな生活課題についても相談を受けているという．自立した後もつながり続ける姿勢に伴走型支援が体現されていた（**写真９−２**）．

写真９－１　抱樸館福岡の外観
（出所）「抱樸館福岡」提供.

写真９－２　食事はすべてスタッフの手作りで，陶器で提供される．栄養バランスの良い食事を摂ることで健康状態が回復する人も多い．
（出所）「抱樸館福岡」提供.

2　NPO 法人　福岡すまいの会

福岡すまいの会は2002年から福岡市のホームレス状態にある人々の支援を始め，福岡で初めてハウジングファーストの理念をかかげ，無償の保証人活動や不動産の借り上げ支援などを通じて居住支援をすすめてきた（写真９－３）．ハウジングファーストとは，ホームレス状態にある人々への支援において，まず住宅の確保を最優先する取り組みである．

だが活動を進めていく中でホームレスの人々がいわゆる野宿者だけではなく

写真９－３　居室共有スペース

（出所）「福岡すまいの会」提供.

写真９－４　盆供養の様子

（出所）「福岡すまいの会」提供.

障がいを抱えた人々，若者，女性と多様化していった．そのため活動の幅も居住支援だけではなく障がい者支援，就労支援と広がっていったという（2023年10月聞き取り）．

福岡すまいの会においては設立の理念を忘れず，まず自分の家がある暮らしを取り戻すことを第一に支援するものの，近年ではつながりも重視している[5]（**写真９－４**）．

服部広隆事務局長はこれまでの活動を振り返り，

> 振り返ると，私たちの活動は「住まい」の問題をなんとかしようとして始まりながら，結果的に，住まいと同時に「つながり」がなければ誰も暮らしていけないことを明らかにしてきたように思います．
> 孤独を望んでも「誰にも迷惑をかけずに生き，死んでいく」人はいませんでした．そうした人の周りには，「お互いさま」の関係も成り立っていたと感じます．人は誰かに迷惑をかけながら，誰かを支えていくものなのでしょう[6]．

と語っている．このように福岡すまいの会においては当初の理念であるハウジングファーストを推進しながら，近年脆弱となっているつながりの機能を重視した活動を展開し始めている．

3　有限会社ビッグイシュー日本

社会的企業であるビッグイシューは1991年に英国で誕生した．当時欧米で深刻化していたホームレス問題にチャリティではなくビジネスの手法で挑もうと，自らもホームレス状態を経験したことがあるジョン・バードによって出版業が起こされたのである．それは，雑誌販売の仕事を独占的にホームレスの人々に提供することで自立を応援しようという取り組みであった．

その後この取り組みは1990年代を通じて欧米に広まり，ストリート・ペーパー（路上新聞）運動として定着していった（**写真９－５**）．

この事業が2000年に入って東アジアにも上陸し，『ビッグイシュー日本版』が2003年，『ビッグイシュー韓国版』『ビッグイシュー台湾版』が2010年に相次いで創刊された（**写真９－６**）．日本では13都道府県で販売されており，九州地域では熊本県が唯一の販売場所となっている（2024年１月現在[7]）．

ビッグイシューの最大の特徴は雑誌を介してホームレスの人々と読者がつながるという点である．これまでのホームレス支援と言えば，どうしても支援者／被支援者という関係性に固定されがちであったが，その枠組みを超えて雑誌売買を通じて「販売者」と「読者」として出会えるというのは「ビッグイシュー」の取り組みの醍醐味と言える．

読者や関係者へ聞き取り調査をすると，これまでホームレス支援に携わったことのない人々が多数を占める．一方で雑誌売買を通じてホームレスの人々と

写真９－５　世界のストリート・ペーパー

（出所）筆者撮影.

写真９－６　台北にあるビッグイシュー台湾の事務所（１階は，市民も集えるカフェ）

（出所）筆者撮影.

出会い，交流することで，これまで抱いていた偏見から解放され，むしろ社会構造の歪さに気づく人々も多数存在した［八鍬 2023］.

このようにビッグイシューにおいては雑誌売買を通じた仕事とつながりの創出という新たな支援のあり方が実践されていた.

3　支援の現場に垣間見る新たな社会構想

本章では「ホームレス支援の現場に見る，新たな社会構想」をテーマに，九州地域で活動されている3団体の実践事例を紹介してきた.

いずれの団体にも言えることは，仕事と家族をめぐる状況が劇的に変容する中でこれまでとは違ったかたちでの仕事やつながりのあり方を模索しているということである．抱樸では伴走型支援，福岡すまいの会ではつながりを重視したハウジングファースト，ビッグイシューにおいては雑誌売買を通じた仕事とつながりの創出が展開されていた.

長らく貧困研究に携わってきたフランスの社会学者 Serge Paugam［2005＝2016］は主に欧州での調査を通して貧困の基本形態を3つに分けて論じている．それは，社会全体が貧しいため貧困層が特に社会から排除されるわけではない「統合された貧困」，経済成長の豊かさの中で貧困が周縁化，不可視化されている「マージナルな貧困」，雇用が不安定化し，全体として社会的排除への不安が高まっている「降格する貧困」である.

日本における貧困のかたちが「マージナルな貧困」から「降格する貧困」へと移行する中，九州地域におけるホームレス支援団体もこれまでの仕事や家族のあり方を代替・補完するような新たな仕組みづくりを模索し続けてきた．3つの団体が実践している「伴走型支援」「つながりを重視したハウジングファースト」「雑誌売買を通じた仕事とつながりの創出」は自己責任とは違ったかたちでの新たな社会を構想していく礎としての可能性を秘めている.

おわりに

本章ではホームレス支援の現場における実践を通して，新たな社会構想が生まれうる可能性を論じた．日々刻々と変わる格差・貧困の実態にスピーディに対応できるのが NPO の強みである．一方で，今後の課題としてそれぞれの団体での実践をいかに社会の仕組みとして落とし込んでいくかということが問われてくるだろう．

注

1）OECD, *Policy Brief on Affordable Housing——Better data and policies to fight homelessness in the OECD*（https://www.oecd.org/social/soc/homelessness-policy-brief-2020.pdf，2024年1月31日閲覧）．

2）厚生労働省「『非正規雇用』の現状と課題」，（https://www.mhlw.go.jp/content/000830221.pdf，2024年1月31日閲覧）．

3）NPO法人　抱樸「沿革」（https://www.houboku.net/about/，2024年1月31日閲覧）．

4）NPO法人　抱樸「抱樸について」（https://www.houboku.net/about/，2024年1月31日閲覧）．

5）NPO法人　福岡すまいの会「トップページ」（https://sumainokai.sakura.ne.jp/index.html，2024年1月31日閲覧）．

6）『西日本新聞』「すまう　つながる」（2023年6月27日）

7）有限会社ビッグイシュー日本「ビッグイシューの販売場所」（https://www.bigissue.jp/buy/，2024年1月31日閲覧）．

参考文献

岩田正美［1997］「路上の人々——新宿1995～96年——」『人文学報』13.

————［2000］『ホームレス／現代社会／福祉国家——「生きていく場所」をめぐって——』明石書店.

奥田知志［2018］「困窮者支援における伴走型支援とは」，埋橋孝文編『貧困と生活困窮者支援——ソーシャルワークの新展開——』法律文化社.

北川由紀彦［2019］「日本のホームレス研究は何を明らかにしてきたのか——その動向と論点——」『理論と動態』12.

厚生労働省職業安定局［2007］『住居喪失不安定就労者等の実態に関する調査報告書』.

後藤広史［2018］「『ホームレス問題』の多様性——『広義のホームレス』の実態と福祉制度——」，丸山里美編『貧困問題の新地平——もやいの相談活動の軌跡——』旬報社.

島和博［1999］『現代日本の野宿生活者』学文社.

総務省統計局［2020］『令和2年国勢調査』.

堤圭史郎［2010］「ホームレス・スタディーズへの招待」，青木秀男編『ホームレス・スタディーズ——排除と包摂のリアリティ——』ミネルヴァ書房.

濱田江里子・金成垣［2018］「社会的投資戦略の総合評価」，三浦まり編『社会への投資

——〈個人〉を支える〈つながり〉を築く——』岩波書店．
森田洋司編［2001］『落層——野宿に生きる——』日本経済新聞出版社．
八鍬加容子［2023］「ホームレスの対抗的公共圏の可能性の検討——ストリート・ペーパーを事例として——」京都大学大学院文学研究科博士論文．
Ignatieff, Michael［1984］*The Needs of Strangers*, London：Chatto & Windus（添谷　育志・金田　耕一訳『ニーズ・オブ・ストレンジャーズ』風行社，1999年）．
Paugam, Serge［2005］*Les formes élémentaires de la pauvreté*, Paris：Le Lien Sociale（川野英二・中條健志訳『貧困の基本形態——社会的紐帯の社会学——』新泉社，2016年）．

第10章

地方議会改革の現状と課題
――九州地域における議会基本条例を事例として――

はじめに

日本において，地方議会の改革の必要性が叫ばれて久しい．このようななか，近年，地方議会改革の一環として，「議会基本条例」を制定する動きが生じている．これは，「自治体の政府制度である二元代表民主制を首長と対等に担う議会が，主権者市民の負託に応えて優れたまちをつくるために，議会運営の理念，理念を具体化する制度，その制度を作動させる原則などを定めた条例で，当該自治体レベルの議会運営に関する最高規範として位置づけた条例」[神原 2009：127] とされている．このような議会基本条例の制定には，「議会が条例（議員条例）を制定し，行政のチェックを充実して行うことで，自治体の行政が大きく変わり，真の地方自治の実現が期待されること」，「二元代表制（大統領制）のもとにおける議会の役割を，全議員が確認し，それを果たすこと」，そして，「議会の政策立案能力を高め，政策提案を通じて知事，市町村長と競い，二元代表制のもとでの議会の役割を確実に果たすことができる」[加藤 2009：72-75] ことなどの意義が指摘されている．

本章では，九州地域における議会基本条例の制定状況とその内容を検討することで，地方議会改革の現状と課題について考察を行う．まず第1節で，地方議会改革の現状として，議会基本条例の制定の背景と全国の制定状況について概観する．第2節では，九州地域における議会基本条例の制定状況を整理する．第3節では，九州地域の県議会での議会基本条例を比較する．そして最後に，地方議会改革の課題を指摘する．

1 地方議会改革の現状

1 議会基本条例の制定

議会基本条例の嚆矢は，北海道栗山町議会基本条例とされている．栗山町議会では，2006年5月の議会基本条例の制定に先立って，様々な議会改革が進められてきた．その背景と動機として，「議会責任の増大」，「議会改革の加速化の要請」，「町民の批判と議会によるその真摯な受容」の3点が挙げられている．まず，「議会責任の増大」について，第1次分権改革（2000年）の結果，自治体の事務に議会の審議権，議決権，調査権，監査権などが及ぶようになったが，このことは，首長に対する議会の権限が相対的に拡大し，議会の責任が大きくなることを意味していた．そこで栗山町議会では，「分権時代における自治体の自立と自律の責任に対応できる議会への自己変革を強く意識するようになった」［神原 2009：130-132］のである．

次に，「議会改革の加速化の要請」について，これは，財政事情の窮迫に起因するものであったが，経費の削減にのみ主眼を置いた効率改革に終始すれば議会は衰退の一途を辿ることとなりうるため，栗山町議会では，定数や費用などの議会資源の縮小と，分権による議会責任の増大とのギャップを埋めて，存在感のある代表機構として自己再構築することが真の議会改革の課題とされたのであった［神原 2009：132-133］．

そして，「町民の批判と議会によるその真摯な受容」について，これこそが，実効ある議会改革を実現させた最大の要因とされている．議会改革は，議会と町民との関係を改革することからスタートし，「情報公開条例」の制定（2002年）やインターネットによる議会の「ライブ中継」の実施（2002年），「議会報告会」の開催（2005年），定例会における質問・答弁の方式の「一問一答」方式への変更（2003年）などが行われた．そして，議会改革を継続して行ってきたなか，「これまで重ねてきた改革を風化させないで，今後も安定的に持続させ，さらに必要な改革を継続するために，議会基本条例という法形式によって改革の理念と成果を制度化しておくのがよい」との考えから，議会基本条例が制定されたのであった［神原 2009：133-135］．

栗山町議会基本条例の特徴としては，「町民や団体との意見交換のための議会主催による一般会議の設置」，「請願，陳情を町民からの政策提案として位置

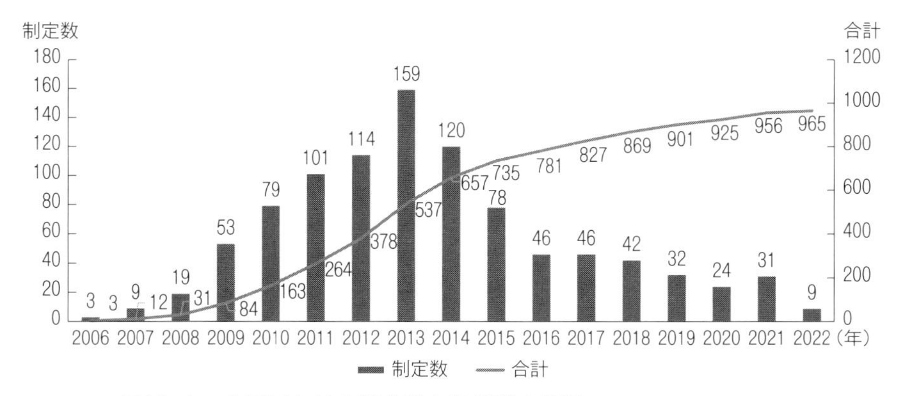

図10-1　全国における議会基本条例制定状況（2022年4月1日現在）

（出所）自治体議会改革フォーラムHPにより筆者作成.

づけ」,「すべての議案に対する議員の態度（賛否）を公表」,「年1回の議会報告会の開催を義務化」,「議員の質問に対する町長や町職員の反問権の付与」,「政策形成過程に関する資料の提出を義務化」,「議員相互間の自由討議の推進」,「政務調査費に関する透明性の確保」,「議員の政治倫理を明記」,「最高規範性，1年ごとの見直しを明記」,「議会モニターの設置」,「議会サポーターの協力」,「正副議長志願者の所信表明」などが挙げられている[1].

2　議会基本条例の制定状況

2006年に栗山町で議会基本条例が制定されて以降，同様の条例を制定する議会の数は年々増加している．自治体議会改革フォーラムの調べによると，2022年4月現在，全国の965議会（54.0%）で議会基本条例が制定されている（図10-1）．その内訳は，道府県で32議会（68.1%），政令市で16議会（80.0%），特別区で4議会（17.4%），市で541議会（70.2%），町で333議会（44.8%），村で39議会（21.3%）となっている[2].

2　九州地域における議会基本条例の制定状況

1　県，県庁所在地，政令市の状況

九州地域における議会基本条例の制定状況（2024年4月現在[3]）を，県，県庁所

表10−1　九州地域における議会基本条例の制定状況（県，県庁所在地，政令市）

県議会	制定年	市議会（県庁所在地）	制定年	市議会（政令市）	制定年
福岡県	—	福岡市	2023年	福岡市	2023年
佐賀県	—	佐賀市	2009年	北九州市	2011年
長崎県	2012年	長崎市	2010年	熊本市	—
熊本県	—	熊本市	—		
大分県	2009年	大分市	2008年		
宮崎県	2012年	宮崎市	2013年		
鹿児島県	2010年	鹿児島市	2014年		
沖縄県	2012年	那覇市	2012年		

（出所）筆者作成.

在地，政令市別で整理したのが，**表10−1**である．県別で見ると，長崎県（2012年），大分県（2009年），宮崎県（2012年），鹿児島県（2010年），沖縄県（2012年）の５県で議会基本条例が制定されており，未制定は福岡県，佐賀県，熊本県の３県である．

県庁所在地では，制定済みは，福岡市(2023年)，佐賀市(2009年)，長崎市(2010年)，大分市（2008年），宮崎市（2013年），鹿児島市（2014年），那覇市（2012年）の７市，未制定は，熊本市の１市である．

政令市では，福岡市（2023年）と北九州市（2011年）で制定されており，熊本市は未制定である．

2　市町村の状況

市町村における議会基本条例の制定状況について，自治体議会改革フォーラム HP を参照して県別で整理したのが，**表10−2**である（2022年４月現在）[4]．全体の制定率は58.8%となっており，これを上回っているのは，佐賀県，長崎県，大分県，宮崎県，鹿児島県である．そして，福岡県内における市町村の議会基本条例について，制定年ごとに個別の自治体を見たのが，**表10−3**である（2024年４月現在）.

表10-2　九州地域における議会基本条例の制定状況（市町村）（2022年4月現在）

	福岡県	佐賀県	長崎県	熊本県	大分県	宮崎県	鹿児島県	沖縄県	合計
条例制定数	35	15	13	17	14	17	36	14	161
市町村数	60	20	21	45	18	26	43	41	274
割　合(%)	58.3	75.0	61.9	37.8	77.8	65.4	83.7	34.1	58.8

（出所）自治体議会改革フォーラムHPにより筆者作成.

表10-3　福岡県内における議会基本条例の制定状況（2024年4月現在）

制定年	自治体名	制定数	合計
2008年	久留米市（12月）	1	1
2009年	春日市（4月），八女市（12月）	2	3
2010年	小郡市（3月），川崎町（6月），豊前市（6月），宗像市（7月），田川市（9月），志免町（9月），大牟田市（12月）	7	10
2011年	苅田町（9月），北九州市（9月）	2	12
2012年	筑前町（3月），香春町（3月），粕屋町（3月）	3	15
2013年	筑紫野市（2月）東峰村（3月），うきは市（3月），古賀市（6月），宇美町（9月），大木町（10月），大刀洗町（12月）	7	22
2014年	遠賀町（3月），太宰府市（3月），行橋市（6月），大野城市（12月），新宮町（12月），朝倉市（12月）	6	28
2015年	赤村（3月），柳川市（9月）	2	30
2016年	築上町（12月）	1	31
2017年	久山町（9月），糸島市（12月）	2	33
2018年	大川市（6月），糸田町（12月）	2	35
2019年		0	35
2020年		0	35
2021年		0	35
2022年		0	35
2023年	福岡市（2月）	1	36

（出所）筆者作成.

3　県議会基本条例の比較

前節では，九州地域における議会基本条例の制定状況について整理した．本節では，九州地域における県議会基本条例を取り上げて，その構成と内容について比較する．

1　構成の比較

まず，構成について比較すると，すべての条例において前文が設けられているが，章と条については構成が異なっている（**表10-4**）．そして，各条例の章のタイトルを項目ごとに整理したものが，**表10-5**である．第1章で総則を，最終章で補則を設けているのは，どの条例も共通であるが，第2章以下では，章立てに違いがある．「議会の役割，運営」や「議員」に関する章を第2章から第3章にかけて設けているものが多い．「県民との関係」については，どの条例でも設けられているが，長崎県は第3章，大分県は第5章，宮崎県は第6章，鹿児島県は第4章，沖縄県は第4章となっている．

その他の章（項目）では，条例により違いがある．「知事等との関係」については，長崎県，宮崎県，鹿児島県，沖縄県の4県で，「議会の機能強化」については，長崎県，宮崎県，沖縄県の3県で，「議会改革の推進」については，長崎県，宮崎県，鹿児島県の3県で，「議員の倫理」については，長崎県，大分県，宮崎県の3県で，「議会事務局」については，宮崎県と沖縄県の2県で，「最高規範性」については，長崎県と大分県の2県で章が設けられている．

2　条文の比較

次に，紙幅の関係から，いくつかの項目を取り上げて，各条例を比較する．**表10-6**は，主な項目について各条例での規定状況を整理したものであり，規定項目が条例により異なっていることが確認できる．「議会の権能」に関する項目では，「政策立案・政策提言」や「行政監視・評価」，「議員間討議（自由討議）」，「議会改革の推進，議会活性化」はすべての条例で規定されており，「議会事務局の機能強化，体制整備」，「議会図書室の充実，機能強化」を規定する条例も多い．しかし，「議会による研修（議員研修）」について，議会には，議員の政策形成，政策立案等に関する能力の向上を図るため，議員研修の充実強化に努める必要があると思われるが，これを規定しているのは長崎県（15条3項）だけである．例えば，九州地域における県庁所在地の議会基本条例を見ると，佐賀市（17条），長崎市（10条2項），大分市（17条），宮崎市（13条2項），鹿児島市（13条），那覇市（23条1項）で，「議会による研修（議員研修）」が規定されている．

また，議会基本条例の理念を議員に浸透させるために，議員に対して研修を行う機会が設けられるべきだが，しかし，「基本条例の理念や内容の研修」に

表10-4　県議会基本条例の構成

自治体名	前文	章	条
長崎県	有	9	26
大分県	有	8	21
宮崎県	有	10	31
鹿児島県	有	7	28
沖縄県	有	8	28

（出所）筆者作成.

表10-5　県議会基本条例の章の目次（項目毎）

	長崎県	大分県	宮崎県	鹿児島県	沖縄県
総則	1章　総則	1章　総則	1章　総則	1章　総則	1章　総則
議会の役割，運営	2章　議会及び議員の役割と活動	2章　議会の役割と機能 3章　議会運営の原則	3章　議会運営の原則	3章　議会運営	3章　議会運営
議員	（2章）	4章　議員活動の原則	2章　議員の責務及び活動原則	2章　議員	2章　議員
県民との関係	3章　県民と議会との関係	5章　県民との関係	6章　議会と県民との関係	4章　県民と議会との関係	4章　県民と議会との関係
知事等との関係	4章　議会と知事等との関係		5章　議会と知事等との関係	5章　知事等と議会との関係	5章　知事等と議会との関係
議会の機能強化	5章　議会の機能強化		4章　議会の機能強化		6章　議会の機能強化
議会改革の推進	6章　議会改革の推進		7章　議会活性化の推進	6章　議会改革	
議員の倫理	7章　議員の倫理	6章　議員の倫理	8章　政治倫理		
議会事務局			9章　議会事務局等		7章　議会事務局の充実
最高規範性	8章　最高規範性	7章　最高規範性			
補則	9章　補則	8章　補則	10章　補則	7章　補則	8章　補則

（出所）筆者作成.

表10-6　県議会基本条例における主な規定項目

	項目	長崎県	大分県	宮崎県	鹿児島県	沖縄県
議会の権能	政策立案・政策提言	○	○	○	○	○
	行政監視・評価	○	○	○	○	○
	議員間討議（自由討議）	○	○	○	○	○
	一問一答	○			○	○
	反問権	○		○		○
	議会事務局の機能強化，体制整備	○		○	○	○
	議会図書室の充実，機能強化	○		○	○	○
	議会改革の推進，議会活性化	○	○	○	○	○
	議会による研修（議員研修）	○				
	基本条例の理念や内容の研修					
情報公開	情報公開	○		○	○	○
	広報・広聴の充実	○	○	○	○	○
	会議，委員会の原則公開	○		○	○	○
	議案への各議員の賛否・態度の公開	○				○
市民参加	議会報告会	○				○
	住民・NPO 等との意見交換の場				○	○
	傍聴環境の整備，傍聴意欲を高める議会運営				○	○
	参考人・公聴会	○	○	○	○	○
	請願・陳情の政策提案としての位置づけ					○

（出所）筆者作成.

ついて，県議会基本条例で規定しているところはない．県庁所在地では，佐賀市（2条2項），長崎市（10条1項），大分市（23条2項），宮崎市（13条1項），那覇市（31条2項）で設けられている．「議会は，議員にこの条例の理念を浸透させるため，議員の任期開始後，速やかに，この条例の研修を行わなければならない」（佐賀市議会基本条例2条2項）旨，議会基本条例に明記されるべきであろう．

「情報公開」に関する項目では，「広報・広聴の充実」はすべての条例で規定されており，「情報公開」，「会議，委員会の原則公開」を規定する条例も多い．しかし，「議案への各議員の賛否・態度の公開」を規定しているのは，長崎県（10条）と沖縄県（12条1項）だけである．県庁所在地では，那覇市（8条2項）で設けられている．「議会は，本会議及び委員会における採決を要する案件に対する各議員の賛否を原則公表するものとする」(長崎県議会基本条例10条）必要があろう．

「市民参加」に関する項目では，「参考人・公聴会」はすべての条例で規定されているものの，その他の項目はあまり規定されていない．例えば，「議会報告会」については長崎県と沖縄県で，「住民・NPO 等との意見交換の場」については鹿児島県と沖縄県で規定されているにすぎない．県庁所在地の議会基本条例と比べると，「議会報告会」は佐賀市（８条），大分市（５条５項），宮崎市（16条），那覇市（９条）で，「住民・NPO 等との意見交換の場」は，佐賀市（６条４項），大分市（５条４項），宮崎市（14条２項），鹿児島市（３条１号），那覇市（９条１項）で規定されている．「議会で行われた議案等の審議の経過及び結果について市民に報告するとともに，市政全般に関する課題について意見交換を行うため」に，「議会報告会を毎年，開催する」(那覇市議会基本条例９条１項）こと，「市民の多様な意見を的確に把握するための意見交換の場を設ける」(同２項）ことを，議会基本条例に明文化することが求められよう．

また，同じ項目が規定されていたとしても，条文上での表現の仕方は，条例により異なる．ここですべての項目を取り上げて比較することはできないが，例えば，「議会事務局の機能強化，体制整備」について，すべての条例で「政策立案能力の向上と議会活動の効率化」に関する記述がなされているが，長崎県では，「専門的な知識経験を有する者の配置に努める」，「議会事務局職員に対し，更なる資質の向上のための自己研鑽を図らせるとともに，各種研修会等に積極的に参加させる」，宮崎県では「議会事務局職員の能力を高めるために必要な措置を講ずる」，沖縄県では「議会事務局に専門的知識を有する職員を配置するよう努めるとともに，職員の専門性を高めるために研修等必要な措置を講ずる」旨があわせて規定されている（表10−７（１））．

「議会改革の推進」について，すべての条例で，「継続的な議会改革（議会活性化）」に関する記述がなされている．そのうえで，長崎県では「議会改革に関する委員会を設置することができる」，「他の地方公共団体の議会と相互に連携を図りながら協力するよう努める」，宮崎県では「既存の制度や運営の方法等について，不断の見直しを行う」，「議会活性化推進会議を設置することができる」，沖縄県では「議員で構成する議会改革推進会議を設置する」旨が規定されている（表10−７（２））．

「広報・広聴の充実」について，多くの条例で「県民に開かれた議会を実現するため」に積極的な広報・広聴に努める旨が記されている．長崎県で「広聴広報に関する委員会を設置することができる」，「議会は，県民に対し，その役割と活動をわかりやすく全世代に伝えるよう努める」，「議会報告会，特定の課題に関する移動委員会等を活用し，県民に身近に感じられるよう努める」，沖縄県で「必要に応じて，報告会を開催する等の方法により，積極的な広報及び広聴に努める」，「議長は，議会を代表して，定例記者会見等の方法により，県政の課題に対する議会の方向性等について県民に明らかにするよう努める」ことが規定されているのが特徴的である（表10-7（3））．

おわりに

以上，議会基本条例の制定の背景と全国の制定状況を概観したうえで，九州地域における議会基本条例の制定状況を整理し，構成や内容等について比較することで，地方議会改革の現状を見てきた．九州地域においては，半数以上の自治体で議会基本条例が制定されていること，県により市町村の制定状況（割合）が異なること，そして，「議会基本条例」という名称は同じであっても，条例により構成や内容，表現が異なり，多様であることを確認した．

地方議会改革の一環として，議会基本条例を制定する議会が増えているなか，同条例を制定していれば議会改革が進んでおり，制定していなければ議会改革が進んでいないように見受けられるかもしれない．しかしながら，「議会基本条例の制定」イコール「議会改革」ではない．議会基本条例が制定されていたとしても，その内容から，いわゆる「名ばかり条例」とみなされてしまうものが存在するのも事実である．仮にそのような形式だけ整っている条例が制定されたとしても，ほとんど意味はないであろう．他方で，議会基本条例を制定していなくても議会改革に着実に取り組んでいたり，一定の成果を上げたりしている議会も，実際には存在する．議会基本条例の制定の前にまず行うべきことは議会改革であり，そのうえで，議会改革の成果を議会基本条例に明確に規定し，それをいっそう前進させる必要がある．議会基本条例を制定することは，あくまでも議会改革や議会活性化に向けた「手段」であり「目的」ではない．条例の制定は，議会改革の出発点にすぎないのである．

議会基本条例の内容については，もしかしたら本章で取り上げたような各項目をすべて満たしているものが理想であるかもしれない．しかし，議会がどの

表10-７（１）　議会事務局の機能強化，体制整備

長崎県	（議会事務局） 第18条　議会は，その政策立案能力を高め，議会活動を円滑かつ効率的に行うため，議会事務局の機能の強化及び組織体制の整備を図るものとする． ２　議長は，議会事務局体制の充実を図るため，専門的な知識経験を有する者の配置に努めるものとする． ３　議長は，議会事務局職員に対し，更なる資質の向上のための自己研鑽を図らせるとともに，各種研修会等に積極的に参加させるものとする．
大分県	—
宮崎県	（議会事務局） 第28条　議会は，政策立案及び政策提言に関する能力を向上させ，議会活動を円滑かつ効率的に行うため，議会事務局の機能の充実強化に努めるものとする． ２　議長は，議会事務局職員の能力を高めるために必要な措置を講ずるものとする．
鹿児島県	（議会事務局等） 第15条　議会は，議会の政策立案能力を向上させ，議会の活動を円滑かつ効率的に行うため，議会事務局の機能の強化及び組織体制の整備に努めるものとする． ２　議会は，議員の調査研究に資するため，議会図書室の機能の強化に努めるものとする．
沖縄県	（議会事務局） 第25条　議会は，議会の政策立案に関する機能の強化及び議会活動の円滑かつ効率的な実施に資するため，議会事務局の機能の強化及び組織体制の整備に努めるものとする． ２　議長は，議会事務局に専門的知識を有する職員を配置するよう努めるとともに，職員の専門性を高めるために研修等必要な措置を講ずるものとする．

（出所）筆者作成．

表10-７（２）　議会改革の推進

長崎県	（議会改革の推進） 第22条　議会は，地方分権・地域主権の時代にふさわしい役割を担うため，継続的に議会改革に取り組むものとする． ２　議会は，継続的に議会改革に取り組むため，議会改革に関する委員会を設置することができる． （他の地方公共団体の議会との連携） 第23条　議会は，議会改革を効果的に推進するため，他の地方公共団体の議会と相互に連携を図りながら協力するよう努めるものとする．
大分県	（運営の原則） 第８条 ５　議会は，地方分権の進展に対応し，自らの改革に継続的に取り組むものとする．
宮崎県	（議会活性化の推進） 第24条　議会は，その機能を十分に発揮し，県民の負託に応えられるよう，議会活性化に継続的に取り組むなど，既存の制度や運営の方法等について，不断の見直しを行うものとする．

	（議会活性化推進会議） 第25条　議会は，議会活性化の推進に関する基本的事項について協議又は調整を行うため，議会活性化推進会議を設置することができる．
鹿児島県	（議会改革） 第26条　議会は，真の地方自治の実現に向け，改革を求める時代の要請を踏まえ，議会の役割及び責務を適切に果たすため，継続的に議会改革に取り組むものとする．
沖縄県	（議会改革の推進） 第22条　議会は，地方分権の時代にふさわしい役割を担うため，自らの改革に不断に取り組むものとする． ２　議会は，継続的な議会改革を推進するため，議員で構成する議会改革推進会議を設置するものとする．

（出所）筆者作成．

表10−7（3）　広報・広聴の充実

長崎県	（広聴広報機能の充実） 第８条　議会は，多様な媒体を活用し，県民の意向把握及び県民への情報発信に努めるものとする． ２　議会は，広聴広報に係る機能の充実を図るため，広聴広報に関する委員会を設置することができる． ３　議会は，県民に対し，その役割と活動をわかりやすく全世代に伝えるよう努めるものとする． ４　議会は，議会報告会，特定の課題に関する移動委員会等を活用し，県民に身近に感じられるよう努めるものとする．
大分県	（広報広聴） 第16条　議会は，県民に開かれた議会を実現するため，その諸活動に関して積極的な広報広聴に努めるものとする． ２　会派及び議員は，それぞれの議会活動に関して積極的な広報広聴に努めるものとする．
宮崎県	（広報及び広聴の充実） 第21条　議会は，県民に開かれた議会を実現するため，議会活動に関して多様な媒体を活用して積極的な広報及び広聴に努めるものとする．
鹿児島県	（広報及び広聴） 第21条　議会は，県民に開かれた議会を実現するため，多様な手段を活用して，積極的な広報及び広聴に努めるものとする．
沖縄県	（広報及び広聴） 第13条　議会は，県民に開かれた議会を実現するため，多様な広報媒体の活用を図るほか，必要に応じて，報告会を開催する等の方法により，積極的な広報及び広聴に努めるものとする． ２　議長は，議会を代表して，定例記者会見等の方法により，県政の課題に対する議会の方向性等について県民に明らかにするよう努めるものとする．

（出所）筆者作成．

ような議会運営を目指すのか，議会が住民と，あるいは首長とどのような関係を構築しようとしているのか等によって，各々の条例の内容は検討されるべきであろう．

いずれにせよ，半数以上の自治体で議会基本条例が制定され，制定後10年以上が経過している議会も多数存在している現在，地方議会の改革は，決して人任せ（議会任せ）ではいられない．我々主権者の側も，はたして議会改革は進んでいるのか，議会基本条例で掲げられている理念が実現しているのかなどについて確認，評価していく必要がある．そのために，例えば，そもそも地元の議会に議会基本条例が制定されているのか，制定されているならばどのような内容なのかなどについて確認したうえで，近隣の議会と比較する，全国の状況を調べる，実際に議会を傍聴してみるなど，「地方議会をウオッチする」ことがなされてもよい．結局のところ，地方議会のありようは，我々主権者次第であると言っても過言ではない．

付記

本章は，宗像［2019］をベースに，最新の動向を踏まえて加筆・補筆したものである．

注

1）栗山町議会 HP「議会基本条例」(https://www.town.kuriyama.hokkaido.jp/site/gikai/211.html，2024年4月21日閲覧)．
2）自治体議会改革フォーラム HP「議会基本条例制定状況（自治体リスト）【2022年12月25日更新】」(http://www.gikai-kaikaku.net/gikaikaikaku_kihonjourei.html，2024年4月21日閲覧)．
3）議会基本条例の制定状況について，基本的に，自治体議会改革フォーラム HP「議会基本条例制定状況（自治体リスト）【2022年12月25日更新】」を参照していることから，同一時期での比較を行う際には2022年4月現在としているが，2023年2月制定の福岡市議会基本条例を取りあげる際には，2024年4月現在としている．
4）自治体議会改革フォーラム HP「議会基本条例制定状況（自治体リスト）【2022年12月25日更新】」．

参考文献

加藤幸雄［2009］『議会基本条例の考え方』自治体研究社．
神原勝［2009］『自治・議会基本条例論〔増補〕』公人の友社．
橋場利勝・神原勝［2006］『栗山町発・議会基本条例』公人の友社．

橋場利勝・中尾修・神原勝［2008］『議会基本条例の展開』公人の友社.
宗像優［2019］「九州地域における地方議会改革の現状と課題」，千相哲・宗像優・末松剛編『九州地域学』晃洋書房.

第11章

中世九州海域の倭と朝鮮

はじめに

14～16世紀の朝鮮側の日本関係史料をみると,「倭」や「倭人」と,「日本」や「日本人」を区別している用例が容易に確認できる．朝鮮側は，狭義では前者を卑しいものと見なし撫恤の対象や倭寇と表裏一体をなす存在に対する蔑称として，後者は国家名，外交対象，在地領主層を論じる際に用いており，広義では倭人を日本人の範疇に含めて扱っていた［李 2018；2022］.

とりわけ，1350年２月の『高麗史』に「倭寇の侵，これに始まる」と記されており，朝鮮の海辺州郡が蕭然一空となったというほど[1]，当該期の「倭」や「倭人」に対する朝鮮側の認識形成には，東アジア諸国を荒らし回って掠奪を繰り返していた倭寇の影響が極めて大きい．高麗（918～1392年）・朝鮮政府（1392～1910年）は倭寇問題を解決すべく，日本の中央政府や西日本各地の有力者に対して外交的努力を行うとともに軍備を強化した．また，倭寇懐柔策を併行し平和な日本人通交者を優遇したことが功を奏し，14世紀末になるにつれ倭寇は下火になっていったが，その一方，朝鮮南部沿岸地帯に日本人通交者が殺到した.

本章では，倭寇とはいかなるものか概観した上で，朝鮮政府が日本人通交者に対して開港していた港（浦所）と，そこに形成されていた倭人町を朝鮮側がどのように管理していたかについて検討する.

1 倭寇の発生原因

表11-1は，倭寇の時期別特徴を区分して示したものであるが，先行研究では14・15世紀の倭寇を，時期的連続性から同じ「前期倭寇」と呼んでいる．しかし，その規模や拠点などから14世紀と15世紀の倭寇を区別して検討した方が

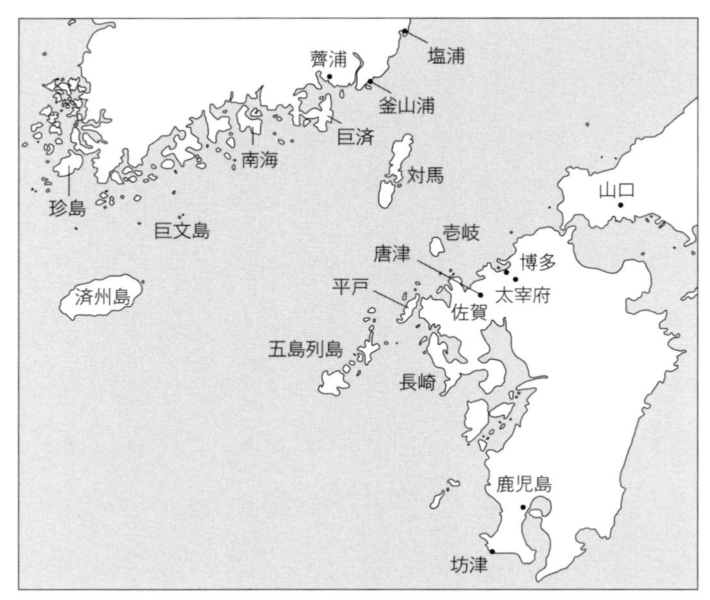

図11-1　朝鮮半島南部と九州

（出所）筆者作成.

その実態解明により近づけると考えられる.

14世紀に倭寇が大規模にはびこった背景には日本の国内要因がもっとも大きい. すなわち1333年, 後醍醐天皇による「建武の新政」に反発した足利尊氏が1336年, 光明天皇を擁立し京都に室町幕府を開き（北朝）, 後醍醐天皇は京都を脱出し吉野に逃れて朝廷を開いた（南朝）. 天皇が２人並び立つ未曽有の事態の中で, 国内は南北朝の戦いに明け暮れていた. さらに1349年, 足利尊氏と弟の直義との間で内紛が生じ幕府が二分され, 戦乱が全国規模に拡大されるきっかけとなった（観応の擾乱）. なかんずく九州では, 足利尊氏, 直義, そして後醍醐天皇の皇子・懐良親王が率いる南朝の３つの勢力による戦が激しく行われていたが［田中 1961：4；村井 2013：132］, 1392年に至り, 第３代将軍足利義満によって南北朝の合一が果たされ, 約60年に及ぶ内乱が幕を閉じた.

戦乱が長期化すると, 人員や食糧など戦いに必要な軍事物資の補給が不可欠である. また, 一般庶民の中には戦乱を避けて九州北部の辺境地帯で生活する者が少なくなかった. しかし, 対馬などの島嶼や沿岸地域はほとんどが山岳地

表11－1　倭寇の区分

時期別名称	概　要
13世紀（初期）倭寇	『高麗史』の1223年の記録に，倭人が朝鮮半島に掠奪したとあり，日本側の記録でも1232年に鏡社（佐賀県唐津市）の住人が高麗から珍宝を奪ってきたとある
14世紀（前期）倭寇	対馬，壱岐，松浦，博多など主に九州海域地帯の大規模海賊集団
15世紀（前期）倭寇	対馬，壱岐，松浦地方が主要拠点で，14世紀の倭寇に比べ小規模海賊集団
16世紀（後期）倭寇	中国の浙江省の雙嶼と瀝港，日本の平戸と五島などを拠点にして密貿易に携わっていた中国人を中心とした武装した貿易商人（海商）

（出所）筆者作成.

帯で農業生産性が大変低かったため，地理的に近い朝鮮半島，そして中国まで出向いて海賊行為を働き食糧，人，文化財など値打ちのあるものはすべて掠奪して生活を営んでいた．佐伯［1992］は南北朝時代，中国・四国・熊野地域の海賊が南朝を支えており，それに敵対する北朝の海賊勢力が上級権力によってそれぞれ水軍として編成されたが，その頃，九州北部の海民や海の領主たちの目が朝鮮半島や中国に向けられたとする．

以上のことから，倭寇がはびこった最大の要因は南北朝の争乱と観応の擾乱であって，戦いに必要な人員と物資の確保，また生活苦に陥っていた辺境地帯の人々が食糧を確保するため，朝鮮や中国などアジア諸国に出向いて掠奪行為を働いたとするのが通説となっている．

表11－1のように，14世紀倭寇の特徴は大規模海賊集団であった．例えば，1377年の朝鮮側の記録によれば，倭賊が対馬から海を蔽う勢いで侵寇して[2)]，1380年には倭寇船団500艘が朝鮮半島の西海岸の鎮浦（忠清南道舒川郡）に上陸して内陸まで侵寇したが，高麗の武将・李成桂（後の朝鮮太祖）が軍隊を率いて鎮圧し，馬1600余匹と大量の武器を奪ったとある[3)]．

次の**図11－2**は，李領［1999：254］の研究を参考に朝鮮半島への倭寇の侵寇状況を示したものであるが，侵寇がもっとも盛んであった1370～80年代を「倭寇最盛期」という．倭寇によって甚大な被害を受けた朝鮮側は，捕獲した倭寇や被虜人（倭寇に捕虜となった人々）などから得た情報に基づいて，日本を倭寇の発生源と見なし，1366年から遣使して日本の「島嶼居民」が海賊行為を働いているとして取り締まりを要請した．これに対する日本側の認識は，「賊船ノ異国ノ犯奪事ハ，皆四国・九州ノ海賊共ガスル所」というものであった[4)]．そうした

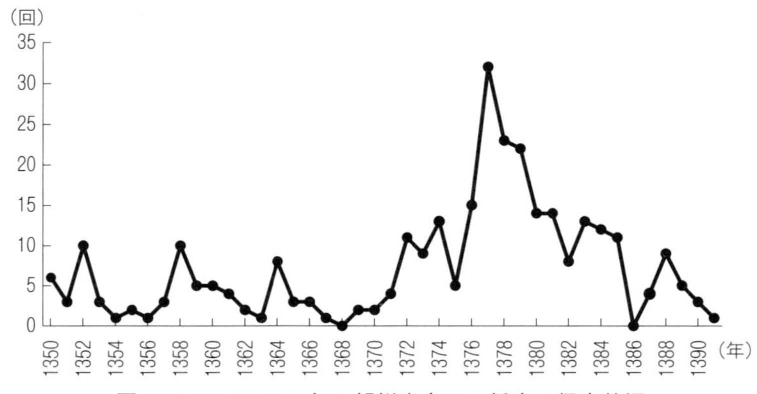

図11－2　1350～91年の朝鮮半島への倭寇の侵寇状況

（出所）李領［1999：254］を参考に筆者作成.

表11－2　14・15世紀倭寇の実態に関する先行研究

研究者	学　説
田中健夫 [1987]	禾尺（白丁：屠畜業者），才人（倡優などの技芸をもつ者や屠畜業者）などの賤民層と高麗後期の土地制度の紊乱により逃散した下級官吏や農民に，倭人が加わった. →　高麗・朝鮮人主体説や高麗・朝鮮・倭人連合説
高橋公明 [1987]	済州島の海民を中心に朝鮮国内の海上勢力が倭人と連合した. →　済州島民と倭人連合説
村井章介 [1993] [2013]	倭寇の中核は対馬と壱岐の海民集団であるが,「倭寇」の「倭」は必ずしも日本や日本人を指すものではなく，朝鮮半島と国境をまたぐ空間に生きる人間集団を指す. →　境界人（日朝両国に属したり，属さなかったりしていたマージナル・マン）説
李領 [1999]	14世紀の倭寇の主体について，朝鮮側がその拠点として着目していた「三島」の倭寇に限定するのは誤りで，九州の武士団がその実体であり，背後には少弐頼尚がいた. →　少弐頼尚が率いる九州の武士団説

（出所）筆者作成.

中，1392年の南北朝合一と，朝鮮側の倭寇対策が功を奏して，**図11－2**のように14世紀末になるにつれ倭寇が下火になった.

ところが，**表11－2**のように1987年以降，倭寇の実態に関して様々な見解が発表されている．なかんずく，〈倭寇＝境界人〉とする村井説は，日本の中世対外関係史分野では大変重く扱われている．しかし，日朝海域地帯に生きた境界人の生活や活動範囲を知ることも重要だろうが，それに加えて倭寇の拠点地域を究明してこそ，実態解明につながると考えられる.

2　三島倭寇と倭山

朝鮮側は，倭寇問題を解決すべく，日本の中央政府（室町幕府）をはじめ日朝海域地帯の領主層に至るまで多方面にわたって外交努力を展開した．このようなことで日本の国内情勢が次第に把握でき，1370年代になると，倭寇の拠点が多い九州北部の領主層に対して個別交渉を行いながら外交的成果を着実に上げていた．なかんずく，今川氏と大内氏がその代表的な人物であった．

1371年，今川了俊が九州探題として下向する際，長門・周防国の守護大内弘世も一緒に出陣し，太宰府を拠点にしていた懐良親王が率いる征西府を追い払った．また1377年，高麗から安吉祥と鄭夢周が立て続けに派遣された際は，今川了俊が被虜数百人を送還するとともに，倭寇の拠点として着目されていた「三島」の倭寇を取り締まった[5]．今川了俊や，大内弘世・義弘父子は朝鮮側の倭寇禁圧要請に積極的に応え，その見返りとして手厚い返礼と通交上に厚遇を受けていた．

次の**表11-3**は，関［2002：20-43］の研究成果を参考に朝鮮への被虜人送還について作成したものである．特に，今川了俊の場合，送還回数もさることながらその規模が群を抜いている（灰色部分）．そのため，朝鮮側も九州探題をはじめ九州北部の領主層に外交的努力を集中したのである．したがって，14世紀の倭寇の主体は日本人海賊集団であったとみて差し支えないだろう．

朝鮮側がいう「三島」は，対馬・壱岐・松浦地方を指し，遅くとも1377年頃には倭寇の主要拠点として認識して対日交渉を展開したが，日本の中央政府は「この寇は，我が西海一路の九州乱臣が**西島**に割拠し海賊行為を働いているもの」と認識していた[6]．さらに，同年5月の慶尚道元帥（半島南東部の軍事司令官）が倭寇と戦って「賊魁覇家台万戸」（博多の賊首）を斬っていることから[7]，博多にも倭寇集団が存在していたことが窺われる．また，1387年には高麗の武将・鄭地が，「倭，国を挙げて盗をなしているのではなく，その叛民が対馬・一岐諸島に拠って，我が東鄙に近づき入寇すること時なし」という認識を示した[8]．つまり，日本人が国を挙げて海賊行為を働いているわけではなく，〈倭＝日本の叛民〉が〈西島＝対馬・壱岐などの地域〉を拠点に侵寇しているということである．このような認識が倭寇最盛期には「既定事実」となっていたのであろう［李 2018］．

表11-3　14世紀後半，高麗・朝鮮への被虜人送還一覧

No.	年月	送還人数	送還者・地域	引率者
1	1363. 3	被虜人30余人	倭国	
2	1378. 7	俘尹明・安遇世等数百人	今川了俊・筑前	周孟仁
3		被虜婦女20余人		信弘
4	1379. 7	被虜人230余口		李子庸
5	1382. 閏2	被虜男女150人	日本	
6	1383. 9	被虜男女112人	日本国	
7	1384. 2	被虜婦女25人	倭	
8	1384. 8	所虜男女92人	日本国	
9	1386. 7	所虜150人	日本博多（今川了俊）	
10	1388. 7	被虜250人	春屋妙葩（日本国使） 今川了俊・筑前	
11	1391. 8	被虜男女68人	今川了俊・筑前	
12	1392. 10	被虜人民	筑州太守蔵忠佳・筑前	僧蔵主宗順
13	1393. 6	被虜男女200余人	僧建哲・壱岐	使人
14	1394. 5	被虜本国人569名	今川了俊・筑前	回礼使金巨原・僧梵明
15	1394. 7	被虜男女659人		了俊の使・僧梵明
16	1395. 4	被虜人口	島津伊久・薩摩	
17		我伝伝到来人口	伊集院頼久・薩摩	
18	1395. 7	被虜男女570余口	今川了俊・筑前	回礼使崔龍蘇・僧宗俱
19	1396. 7	李子英	日本	
20	1397. 8	被虜男女19・倭3・唐2人	日本	
21	1398. 5	対馬島被虜人8名・倭人9名	（対馬島）	
22	1399. 5	被虜男女100余人	足利義満・京都	通信使朴惇之

（出所）関［2002：20-43］を参考に筆者作成.

朝鮮側は，倭寇の主要拠点を総じて「三島」と呼んだが，15世紀に入ると「倭山」という新用語をあわせて使用した.「倭山」に関する史料上の初見は，1418年9月に明の浙江人陳宗ら男女6人が倭山より逃来したというものであり，同年12月にも漢人（明人）兪興と梁泰が倭山より逃来しており，全員明に護送された［世宗即位年9月丁卯・12月乙未］［李 2018］．特に，1443年7月，明皇帝が朝鮮に送った勅諭に，被虜明人から得た情報として，「小倭山」の賊首が常に批

表11-4　三島と倭山に対する朝鮮側の認識

<table>
<tr><td rowspan="3">倭山</td><td>三島</td><td rowspan="2">対馬，壱岐，松浦地方</td><td>朝鮮側が「三島」の他に「倭山」を用いた理由</td></tr>
<tr><td>小倭山</td><td rowspan="2">・三島の各地を超えて，倭寇拠点を総じていう時
・被虜人や倭寇から情報収集しても地域が不明な時
・中国側への詳しい日本情報の提供を憚る時</td></tr>
<tr><td>大倭山</td><td>博多，鹿児島など九州本土の倭寇の主要拠点</td></tr>
</table>

（出所）李［2018］を参考に筆者作成．

帖（文引＝対馬島主が日本人の朝鮮通交者に発行していた渡航証明書）を発給し，島民を朝鮮に遣わして魚塩をもって米糧と交易させており，さらに「小倭山」から「大倭山」までの距離が7日程度であると述べていた［世宗25年7月壬午］．これからみれば，ここでいう小倭山は「三島」のうち対馬を，賊首は対馬島主宗氏にほかならない．さらに明と朝鮮が外交文書で「倭山」を用いていることから，すでに両国間に倭寇の拠点地域に対する共通認識が形成されていたといえよう．

また，1381年には，幕府が「大隅守護今川了俊」に対して，高麗で掠奪行為を行う南九州の大隅の「悪党人」を取り締まるように命じている[9]．さらに，1594年には被虜明人が倭寇によって日本の「江古水麻（鹿児島）」に連行されていたと証言している［宣祖27年3月丙申］．以上の倭寇拠点に対する朝鮮側の認識を**表11-4**にまとめて示す［李 2018］．

3　朝鮮の倭寇懐柔策と浦所の設置

1392年に建国された朝鮮においても引き続き対日外交，軍備の強化，倭寇懐柔策を併行しながら倭寇の沈静化を図った．特に，朝鮮草創期から日本人通交者を優遇する倭寇懐柔策について相当念を入れて行っていたので，次の**表11-5**のように上は幕府将軍の使節から，下は対馬の零細な漁民に至るまで様々な階層の人々が朝鮮に殺到した．

まず使送倭人は，日本における政治的地位を中心に，倭寇問題や対日外交などにおける朝鮮への協力の度合いによって，①～④の4つのランクに分類して接待し，交易も許可した[10]．次に興利倭人は，魚塩や雑物を朝鮮にもたらし穀物と交易をしていた九州の島嶼や沿岸地域の海民で，ほとんどが対馬島民であった［長 2002：342-386］．彼らは，朝鮮草創期には南部沿岸のどこへでも到泊が許されていたが，治安上の理由から興利倭人の到泊港が，遅くとも1407年7月以前には慶尚左右道の都万戸（水軍部隊長）所在地である釜山浦（富山浦，釜山市

表11−5　14〜16世紀の朝鮮通交日本人

名　　称	概　　　　要	渡航目的
使送倭人（日本人使節）	①日本国王使：幕府将軍の使	何らかの使命を帯びて渡航していたが，その目的は交易
	②巨酋使：幕府の重臣，大内氏，少弐氏などの使	
	③九州節度使（九州探題）の使と対馬島主宗氏の特送使	
	④諸酋使・対馬島人・受職倭人：対馬と九州の有力者やその使	
興利倭人	交易のため朝鮮に渡航した対馬の零細な漁民や商人	交易
恒居倭	朝鮮の「浦所」に渡航し留居した倭人（三浦倭人ともいう）	交易，浦所留居
向化倭	倭寇から投降した「降倭」を含め，朝鮮に帰化した倭人	帰化

（出所）申叔舟『海東諸国紀』（1471年，「朝聘応接紀」）を参考に筆者作成.

凡一洞）と薺浦（乃而浦，鎮海区薺徳洞）に限定された［中村1965：482］．このように朝鮮が日本人に対して指定した港を「浦所」というが，1419年の己亥東征（応永の外寇）[11] を機に使送倭人に対しても上記の浦所が指定された．

その後，対馬の早田左衛門太郎が遣使して，対馬島民が慶尚道沿岸各浦で任意に交易できるようにしてほしいと請願したが，それは許可されず，1426年に至り塩浦（蔚山市塩浦洞）が追加された（『世宗実録』８年正月癸丑条．以下『朝鮮王朝実録』の記事典拠を［世宗８年正月癸丑］の形式で記す）．この３カ所の浦所をあわせて「三浦」といい，三浦体制は1510年，三浦倭人と対馬島民による暴動事件（三浦倭乱）が勃発するまで続いた［中村1965：714-720］．

図11−3は，1474年に薺浦と釜山浦で発生した火災の救恤のため，中央政府が朝官を派遣した際に作成された三浦の図であるが，『海東諸国紀』（日本と琉球事情，通交規定などを記載）に追載されている．各浦の共通部分として，浦所を管理するため朝鮮官人が駐在する営庁と，その迎え側に使節の接待と交易を行う場として倭館が設けられ，その傍から海沿いのエリア（丸の部分）にかけて倭人居住区域が形成されており，仮屋の屋根が魚のウロコのように隙間なく描写されている．

浦所の倭館については，1423年10月に倭人接待用の米穀と雑物を農繁期に運搬する弊害を避けるため，船軍に命じて薺浦と釜山浦に館舎と倉庫を加造して器皿を備えさせ，接待を担当する金海府（薺浦管轄）と東莱県（釜山浦管轄）に食糧と雑具を搬入させることにした［世宗５年10月壬申］．「加造」ということから，すでに設置されていた倭館を増築したものと解される．また，漢城（ソウル）

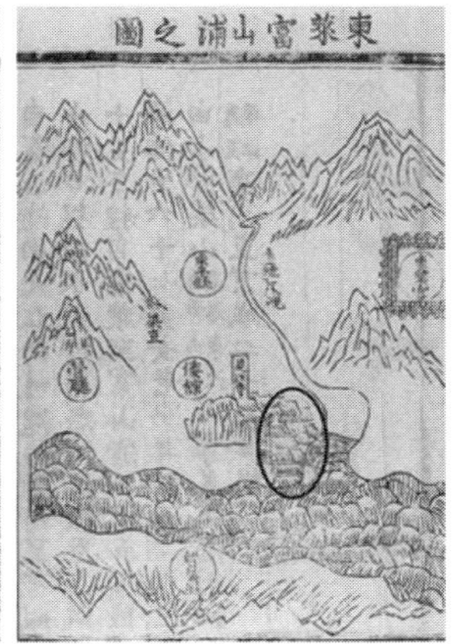

図11－3　『海東諸国紀』の三浦の図

（出所）『海東諸国紀』（朝鮮総督府版）．

へ上京する日本人使節のため，1409年に南山の北麓（忠武路）に東平館と西平館という倭館が設けられた［村井 1997：238-240］．

4　三浦倭人の生活形態と対馬への送還

1　三浦倭人の生活形態

浦所指定後，交易が栄えるようになると，長期にわたって滞在する倭人が急増し，中には家族を率いて移住する者まで現れた．浦所に留居する倭人を「恒居倭」，または「三浦倭人」というが，**表11－6**のようにその数は増加の一途をたどり，15世紀末になると三浦あわせて3100人を超えていた．とりわけ，三浦のうち，薺浦は通交者がもっとも多く恒居倭の数も抜きんでていた．彼らは，浦所近海で採取した海産物をもって朝鮮の民と交易し，土地を耕作したり，孤草島（全羅南道巨文島）に出かけて釣魚を行ったり，密貿易や海賊行為を働いたりしていた［長 1990；村井 1993］．

朝鮮の朝廷では，時々三浦の留居倭人が問題になっていた．例えば1418年，日本からの使節や興利倭船が浦所に到泊すると，恒居倭の男女が商人や遊女と称して応接に群集する状況下で，朝鮮の国家機密が日本人通交者に漏洩する恐れが指摘された［太宗18年３月壬子］．

表11-6　三浦倭人の戸口一覧

年代	薺浦		釜山浦		塩浦		計	
	戸	口	戸	口	戸	口	戸	口
1436		60[253]	0	0[29]		[96]		60[378]
1466	300	1200余	110	330余	36	120余	446	1650余
1474	308(11)	1722	67(2)	323	36(1)	131	411(14)	2176
1475	308(11)	1731	88(3)	350	34(1)	128	430(15)	2209
1494	347(10)	2500	127(4)	453	51	152	525(14)	3105

（注）[　] 内は対馬へ送還人数，（　）内は寺院数.
（出所）中村［1965：643］を参考に筆者作成.

限られた空間に人口が急増すると，恒居倭は常に浦所の外へと生活範囲の拡大を図り，反対に朝鮮側は治安上の理由から浦所に封じ込めようとしていた．1469年，対馬島主宗貞国の使者・中山和尚が朝鮮に渡航して，かつて恒居倭の男は標外（決められた域外）への出入が禁じられたものの，女は許され，周辺住民と魚塩を交易しながら生活を営んでいたが，今は女の出入も禁じられて生活の糧を失っているとして，元に戻すように請願した［睿宗元年３月丙午］．また1474年には，恒居倭と周辺住民との交流について，互いに性的関係をもったり，倭人が朝鮮人に高利貸をして田地を担保にとりあげたりする弊害が指摘され，周辺地域への出入を厳に制限することになった［成宗５年10月庚戌］．先の対馬島主宗氏の使者の請願が受け入れられていないことがわかる．

ところが，16世紀になると状況が変わっている．朝鮮は，恒居倭対策の一環として三浦への新規来居を厳しく制限した．しかしながら，1503年の朝鮮側の調査によれば，対馬島民が三浦倭人と結婚して来居する者が非常に多く[12)]，男は海産物をとり，女は周辺の民家で交易し，みな豊かに暮らしており，なかには多くの召使いをもつ富者もいて，まさに楽土であるという有様であった［燕山君９年３月壬辰］．さらに三浦倭乱の直前になると，標外への出入を禁じた朝鮮の法令は無きに等しいものになり，憚ることなくほしいままに出入し，釜山浦の倭人は耕作のため周辺住民から農器や耕作用の牛を購入しており，時に耕作をめぐって争いが発生することもあった［中宗４年４月癸亥］．

2　三浦倭人の対馬への送還

1430年代になると，急増する恒居倭が治安上看過できない状況になった．1434

年，工曹参議張友良が「興利倭人600余名が乃而浦に恒居しており，釜山浦も似たような状況であるが，**これらはみな門庭の外敵である**」とし［世宗16年4月戊辰］，朝廷でも「**室内でマムシを養うようなもの**」と認識して，慶尚道の管轄官人に刷還（推刷，以下「送還」[13]）の方策を講じさせた［世宗17年6月戊申］．翌月，慶尚道の監司（観察使：道の長官）と水軍処置使（道の水軍隊長）は，釜山浦と塩浦の恒居倭は少数で憂慮することはないが，薺浦は商船の往来が相次ぎ滞在者も常に400～500を下らず，妻子を同伴して恒居を願う者が500名に至り，とうてい一度には送還できないとして，現在の万戸（沿岸地域に置いた官人）より地位の高い処置使を置き，薺浦を直接管轄する熊川県に築城し守護軍を補強するように建議した［世宗17年7月己丑］．根本的な解決策よりも有事に備えて防備を強化しようという提案で，薺浦への通交倭人や恒居倭への対処に苦慮していたことがわかる．

折しも同年9月，対馬島主宗貞盛が遣使して，食糧支援とともに対馬の興利船が交易のため朝鮮に渡航して帰らないものが多いので，島民の生活が甚だ苦しいとして，速やかに帰還させてほしいと請願した［世宗17年9月丁丑］．宗氏は，恒居倭については言及せず，帰還しない興利倭人だけを問題視していることから，前者は三浦代官や倭酋を通して直接統治ができていたが[14]，後者については島主が管理できない状況であったので，朝鮮側の力を借りようとしたのであろう．朝鮮としては興利倭人の問題もさることながら，治安上悩みの種であった恒居倭を無理やり送還すると，再び倭寇になりかねないため，どのように対処すべきか苦心していたところであった．

そこで世宗は，対馬島主が島民の三浦留居を禁じないのは収税の利があるからだとし，久しく留まって帰らない者に対しては朝鮮が収税するといえば，島主は「失民失税」を恐れて必ずみな送還すると判断して，収税実施の意志を伝えさせた［世宗17年9月丁丑］．これによって，翌年3月に大規模送還が実施されたのである．その際，対馬島主宗氏は，対馬への帰還を願う者はみな送還し，継続居住を願う者は朝鮮の民となることを許し，それ以外の自身の管下60人については，しばらく留居を許すように請願した．朝鮮は，宗氏の請願を受け入れて，60人は対馬島主管下人として，継続居住を願う206人は朝鮮の民として許可し，乃而浦253人，塩浦96人，釜山浦29人のあわせて378人を対馬へ送還した［世宗18年3月乙未］（**表11-6**）．

「門底の外敵」「室内のマムシ」として危機感を募らせていた三浦倭人につい

て，朝鮮は宗氏に「失民失税」の圧力をかけて大規模送還を実現させたのである．しかし，宗氏管下60人の留居が暫定的に許されたことで三浦の人口増加の余地を与えることになり，さらに宗氏にとっては三浦倭人に対する一元的な支配体制を構築することにつながった.朝鮮側は,宗氏に対して彼らの送還を度々要求したが，宗氏は送還を口実に通交権益の拡大や法外な見返りを要請した．このような対馬側の姿勢を見抜いた朝鮮は，1475年に実施された三浦倭人の送還以降は，定数外の送還よりも次第に凶悪化する倭人の犯罪者への対処を中心に宗氏と交渉するようになった［李 2005；2006］.

5 三浦倭人の法的位置

三浦倭人は，度々朝鮮の法令を違反していた．1428年，乃而浦の而羅三甫羅が時郎古羅を刺し殺し，時郎古羅の仲間の伊羅時羅が報復として而羅三甫羅を殺す，殺人事件が発生した．この件について朝廷では，倭人とはいえ長年浦所で暮らし朝鮮の法令を知っているはずなのに，殺人を犯した罪は懲らしめるべきであるとしながらも，留浦倭人は朝鮮の民となった投降倭人（向化倭）とは同等に扱えないとして不問に付した［世宗10年８月壬辰］．この対応について，村井［1993：94-96］は，朝鮮が検断権（日本の中世史でいう刑事・警察権）を放棄したと主張する．

しかし，同じ世宗代（1418～50年）の倭人の犯罪者に対する朝鮮側の対応をみると，必ずしも検断権なるものを放棄したとはいえない．例えば，1440年２月，礼曹（外交・儀礼などの担当官庁）は，釜山浦の恒居倭・藤三郎ら39名が，朝鮮が使送倭人に支給する給料（滞在費）と過海料（渡航経費）を欲し，対馬島主宗氏の使送倭人とともにきたと冒称したことが露呈され，本人のみならず妻子の姓名を書契（外交文書）に記して，家族全員を対馬へ送還し島主に処罰を要求した［世宗22年２月壬寅］．また，1439年には，対馬の宗彦七（宗盛国，貞盛の弟）の使者とともに上京した而羅余文なるものが乃而浦の恒居倭であったため，対馬へ送還された［世宗21年12月己卯］．使節の一行として上京した者であっても禁限（通行禁止地域の境界）に違反したため，厳に対処したのである．

さらに1491年には，釜山浦の倭人・皮古而羅を釜山の北方約300キロメートルに位置する江原道蔚珍県で捕らえ対馬へ送還した．その際，対馬島主宗貞国に書契を送って，皮古而羅は釜山浦の恒居倭・皮考時羅らに売られ来居していたが，苦しみに耐えられず，逃亡して蔚珍に到ったのを官憲が捕らえて送還すると伝えている［成宗22年7月庚寅，甲午，乙未，9月辛巳］．対馬島民が奴婢として取引され釜山浦に来居していて禁限に違反したため，対馬へ送還されたのである．

また，村井［1993：96］は，1469年に対馬島主宗氏が倭中枢（朝鮮の官職）平茂続を派遣して，「三浦の汎濫者を検察した」ことについて，執行者が日朝両属の受職倭人[15]である点に朝鮮側への配慮が認められるものの，島主宗氏が三浦の検断権を行使していたと述べる［成宗即位年12月己未］．しかし，この記事は1436年の第1次送還時に，暫定的に恒居が許された宗氏管下60人以外の者に対して，朝鮮政府が対馬への送還を要求し，それを履行するために派遣されたものである．したがって，「三浦の汎濫者」は定数外の恒居倭を指し，「検察」とは送還対象者を調査することであったのである．

朝鮮は，対馬島主宗氏に対して歳賜米豆（毎年支援した米と豆），特送船（報告や交渉事項があれば随時派遣できる船），文引の発行権など他に類を見ない特殊権益を多く与え［長 1987］［荒木 2007］，それを梃子にして倭寇，被虜人送還，三浦倭人などの問題について協力させていた．その一環として，法令を犯した三浦倭人に対して逮捕・調査はするものの，処罰は対馬島主宗氏に行わせる方針を貫徹していた．その理由は，朝鮮が直接処罰まですれば，該当の倭人が怨んで再び倭寇になることを懸念したこと，そして何よりも第1次送還を機に三浦倭人に対する法的責任を島主宗氏にもたせていたためであった［李 2006］．

おわりに

1350年以降，倭寇によって甚大な被害を受けていた朝鮮側は，軍備を強化しながら，室町幕府の足利将軍をはじめ九州海域地帯の領主層に至るまで外交的努力を重ねていた．14世紀末になると，南北朝時代は幕を閉じ，朝鮮側の倭寇対策によって倭寇は下火になった．その一方，朝鮮の懐柔策によって倭寇と表裏一体をなす倭人たちが平和な通交者として朝鮮に殺到した．

朝鮮は治安上の理由から，1407年頃に興利倭人，1420年頃には使送倭人に対して浦所を指定した．浦所へ通交者が集中し交易が栄えると留居倭人が急増した．とりわけ，地理的に近く倭寇の一大拠点として着目されていた対馬からの通交者がもっとも多く，彼らを優遇していたので，浦所に住み着く倭人のほとんどが対馬島民であった．彼らは漁業を口実に海に出て海賊行為を働いたり，周辺住民と入り混じって耕作活動を行ったりしていた．朝鮮は，対馬島主宗氏に各種権益を与え倭寇対策，対日外交，三浦倭人の管理などについて協力させていたので，三浦倭人が治安上看過できない状況になると，宗氏に対馬へ送還するように要求したのである．

一方，宗氏は1430年代の半ばまでは交易のため，浦所に渡航する島民の早期帰還を朝鮮側に要請していたが，1436年の第１次送還を機に三浦倭人に対する一元的支配体制が確立すると，彼らを朝鮮との交渉カードとして活用しながら通交上の利益を追求した．このような宗氏の姿勢を見抜いた朝鮮は，1475年の三浦倭人送還以降は定数外の送還よりも次第に凶悪化する倭人の犯罪者への対処を優先して宗氏と交渉した．朝鮮は倭寇再発防止のため，対馬からの通交者と三浦倭人について，原則その法的責任を対馬島主宗氏にもたせ間接的に管理していたのである．

注

1）『高麗史』巻37・世家・忠定王２年２月，同巻117・列伝30・諸臣・鄭夢周伝．
2）『高麗史節要』巻30・辛禑１・禑王３年３月，『高麗史』巻114・列伝27・諸臣・禹仁烈条．
3）『高麗史節要』巻31・辛禑２・禑王６年８月，同９月条．桑野［2015］．
4）『太平記』巻39「高麗人来朝事」．中村［1965：203-210］．
5）『高麗史』巻117・列伝30・諸臣・鄭夢周伝．中村［1965：143-147］，田中［1975：95-104］．
6）『高麗史』巻133・列伝46・禑王３年６月乙卯条に「拠羅興儒齎来貴国回文，言称，此寇，因我西海一路，九州乱臣，割拠西島，頑然作寇」とある［李 2018］．
7）『高麗史節要』巻30・辛禑１・禑王３年５月条．
8）『高麗史節要』巻32・辛禑３・禑王13年８月条．
9）室町幕府御教書案（大隅祢寝文書『南北朝遺文』九州編，第５巻5673号），川添［1996：170］．
10）朝鮮政府が使送倭人を４つのランクに分けて接待した理由は，日本側の不満を生じさせず，接待の煩雑さを避け，費用を節減するためであった．
11）朝鮮政府が倭寇の拠点と見なしていた対馬を討伐するために派兵した事件．
12）朝鮮政府が倭人の三浦来居に対する制限措置を強化した1430年代以降は，三浦倭人との結婚が三浦に居住できる条件の一つになっていたのであろう．

13）もともと戸籍を離れた住民や奴婢を調査して元の居住地に連れ戻す意であるが，三浦倭人に対する刷還と推刷は，朝鮮が宗氏に要求し，留居倭人の中，送還対象者を調査して対馬へ送還するまでの一連のプロセスを指す．
14）宗氏は，当初は三浦代官を三浦へ派遣して三浦倭人に対して収税などの業務を担当させていたが，15世紀後半になると，三浦代官に代わって三浦の各浦に倭酋を置いてその業務を担当させた［李・長 2006］．
15）日本における地位や，倭寇対策，対日外交などの貢献度が評価され，朝鮮から官職（名誉職）を授かった者．これが後に朝鮮通交権益（渡航し交易ができる権利）となった［中村 1965；松尾 2023］．

参考文献

荒木和憲［2007］『中世対馬宗氏領国と朝鮮』山川出版社．
――――［2017］『対馬宗氏の中世史』吉川弘文館．
伊藤幸司［2021］『中世の博多とアジア』勉誠出版．
長節子［1987］『中世日朝関係と対馬』吉川弘文館．
――――［1990］「孤草島釣魚禁約」『海と列島文化３　玄海灘の島々』小学館．
――――［2002］『中世　国境海域の倭と朝鮮』吉川弘文館．
川添昭二［1996］『対外関係史の史的展開』文献出版．
川添昭二編［1998］『よみがえる中世１――東アジアの国際都市 博多』平凡社．
桑野栄治［2015］『世界史リブレット人37　李成桂――天翔る海東の龍――』山川出版社．
佐伯弘次［1990］「国境の中世交渉史」『海と列島文化３　玄海灘の島々』小学館．
――――［1992］「海賊論」『アジアのなかの日本史Ⅲ　海上の道』東京大学出版会．
佐伯弘次編［2008］『中世都市・博多を掘る』海鳥社．
須田牧子［2011］『中世日朝関係と大内氏』東京大学出版会．
須田牧子編［2014］『描かれた倭寇「倭寇図巻」と「抗倭図巻」』吉川弘文館．
関周一［1995］「朝鮮半島との交流　対馬」『中世の風景を読む第７巻　東シナ海を囲む中世世界』新人物往来社．
――――［2002］『中世日朝海域史の研究』吉川弘文館．
――――［2012］『高志書院選書８　対馬と倭寇――境界に生きる中世びと――』高志書院．
――――［2013］『歴史文化ライブラリー367　朝鮮人のみた中世日本』吉川弘文館．
――――［2024］『中世の海域交流と倭寇』吉川弘文館．
高橋公明［1987］「中世東アジア海域における海民と交流――済州島を中心として――」『名古屋大学文学部研究論集（史学）』33．
田中健夫［1959］『中世海外交渉史の研究』東京大学出版会．
――――［1961］『倭寇と勘合貿易』至文堂．

———— ［1975］『中世対外交渉史』東京大学出版会.
———— ［1987］「倭寇と東アジア通交圏」『日本の社会史１　列島内外の交通と国家』岩波書店.
田村洋幸［1967］『中世日朝貿易の研究』三和書房.
中村栄孝［1965］『日鮮関係史の研究　上巻』吉川弘文館.
———— ［1966］『日本と朝鮮』至文堂.
松尾弘毅［2023］『中世玄界灘地域の朝鮮通交』九州大学出版会.
村井章介［1993］『中世倭人伝』岩波書店.
———— ［1997］『国境を越えて――東アジア海域世界の中世――』校倉書房.
———— ［2003］『日本の中世10　分裂する王権と社会』中央公論新社.
———— ［2013］『日本中世境界史論』岩波書店.
村井章介編［2015］『日明関係史研究入門――アジアのなかの遣明船――』勉誠出版.
李泰勲［2005］「朝鮮三浦恒居倭の刷還に関する考察」『朝鮮学報』195.
———— ［2006］「朝鮮三浦恒居倭の法的位置――朝鮮・対馬の恒居倭に対する『検断権』行使を中心に――」『朝鮮学報』201.
———— ［2007］「三浦恒居倭に対する朝鮮の対応――課税案と課税を中心として――」『年報朝鮮学』10.
———— ［2014］「朝鮮前期〈薺浦〉からみた日朝交流」『九州産業大学国際文化学部紀要』57.
———— ［2018］「〈三島倭寇〉と〈倭山〉に対する高麗・朝鮮政府の認識」『朝鮮学報』245.
———— ［2021］「14世紀後半の対日外交使節からみた韓日関係」『朝鮮通信使研究』32.
———— ［2022］「朝鮮三浦の倭人町形成と管理体制」『九州大学韓国研究センター叢書５　日韓の交流と共生――多様性の過去・現在・未来――』九州大学出版会.
李泰勲・長節子［2006］「朝鮮前期の浦所に関する考察」『九州産業大学国際文化学部紀要』34.
李領［1999］『倭寇と日麗関係史』東京大学出版会.

第12章

地域社会の理解と国鉄門司鉄道局史料のデジタル化

はじめに

本章は2022年1月から本学を拠点に進めている貴重資料のデジタル・アーカイブ化について論じる．2021年11月，半年以上の交渉の末，九州旅客鉄道株式会社（以下，JR九州）保有の未公開資料群を開示していただいた．膨大な貴重資料の保存と研究利用に向けて，筆者は共同研究グループを立ち上げ，資料のデジタル・アーカイブ化のプロジェクトを進めてきた．これまで延べ23名の本学学生の協力で，29箱，234冊の資料整理からデジタル撮影，データ加工までを行った．学生たちの歴史に残る学術的な貢献を中心に，本学で実施したプロジェクトを紹介したい．

1 資料発掘の概要と地域社会との関係

1　発掘資料の概要

1907年7月1日，鉄道国有法により九州鉄道株式会社が明治政府に国有化され，門司に帝国鉄道庁九州帝国鉄道管理局が置かれた．同日から鉄道局長の訓示・達[1]，その他現業従業員が業務上必要とする命令や関係事項を管内一般に伝達することを目的とした『局報』の発行が開始された．今回開示された『局報』は九州地方を中心に管轄した門司鉄道局[2]の未公開資料で，1919年から1955年までの，JR九州保有の戦前期資料のほぼ全てである．

国鉄の業務上の命令やその他関係法令などを伝達する機関紙には，政府発行の『官報』，鉄道省発行の『鉄道公報』，国鉄の各地方鉄道局発行の『局報』がある．これらは法律，勅令，閣令，省令，訓令，告示，達などの法体系に従い，どの機関紙に掲載すべきか決められ，法律から告示までは『官報』と『鉄道公

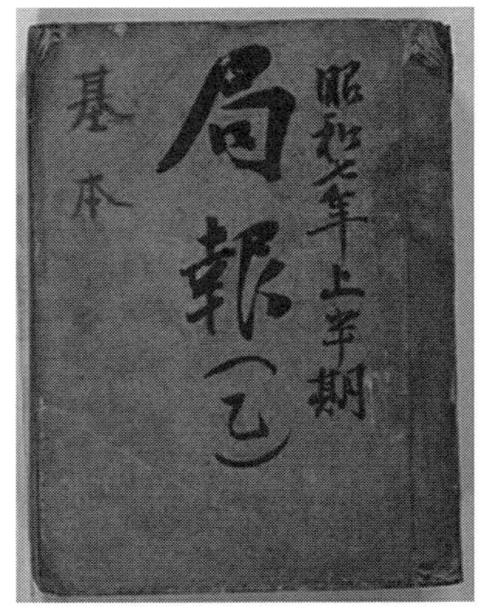

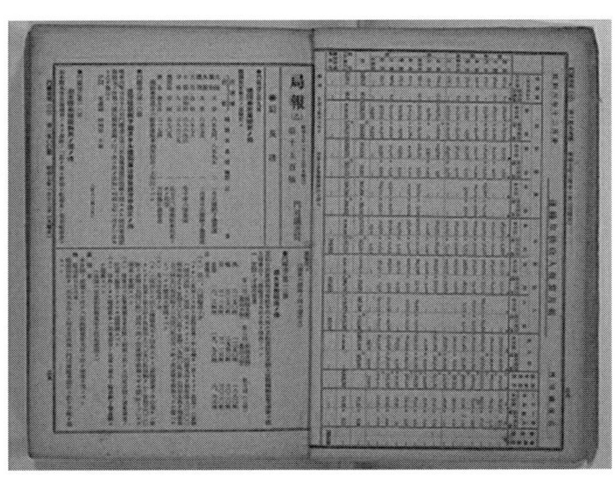

資料12-1　門司鉄道局『局報』

（出所）筆者撮影.

報』，総裁達・大臣達は『鉄道公報』，局長達は『局報』に掲載された.[3]

これまでの研究において『官報』と『鉄道公報』は歴史資料として利用されることはあったが，『局報』についてはほとんど使われることがなかった．ただし，その理由は同資料が軽視されていたのではなく，各地方鉄道局発行の『局報』が体系的に公開されてこなかったことにある．現在閲覧可能なものに北海道立図書館の札幌鉄道局『局報』があるが，他の鉄道局については時系列で確認できていない．東京，大阪，門司といった国鉄のなかでも重要な役割を果たした鉄道局のうち，管見の範囲において，戦前期のものが大きな欠損なく確認できるのは門司鉄道局のみである.[4] 門司鉄道局は空襲による文書の焼失を免れ，JR 九州の広報部が民営化後も保管していたため，大正期から1980年代までの『局報』が残存したのである.

『局報』は各鉄道局の文書課が作成した．局長名で管轄内の関係部署に伝達する内容を掲載し，各駅ならびに関連部署に必要部数を毎日鉄道で配送した．全国を覆う形で展開する巨大組織である国鉄が運営可能だったのは，『局報』による上意下達が徹底していたからであり，その意味において，『局報』そのものが国有鉄道の運営を可能としたシステムそのものと考えられる．鉄道省の文書保存規定で，局報の保存期間は，配布先の駅区等では２年（＝第５種），局・事務所等では５年（＝第４種），発行する鉄道局総務部においては永久保存（＝

表12-1　『局報』記載内容

・運転関係
➢臨時列車の運転状況が詳細に判明．臨時列車がどのような依頼によって運転されたか，また季節的なイベントによってどの程度増発されたかが把握可能．
➢修学旅行，参詣客輸送，軍用列車の運転状況，引揚者輸送，皇族・外国要人輸送
・営業関係
➢貨物輸送については，季節ごとの貨車の動向や，配車についての注意，大口荷主に対しての運賃割引，生鮮食料品など特別な貨物についての手配，過積載された貨車の摘発などが記載．
➢旅客輸送については，地方開催のイベントに際しての運賃割引やクーポン発売，また国際旅行団の手配についての情報も記載．
➢駅や車内に掲示するポスターについての告知
➢駅まで／駅からの輸送を担当する，小運送業者についての記事
・技術関係
➢車両の改造についての指令が相当件数記載．機関車への機器の取付，貨車へのブレーキの取付など．

（出所）門司鉄道局『局報』をもとに筆者作成．

第1種）と定められており，今回開示された門司鉄道局『局報』は，「永久保存」のために製本された原本である．

2　資料の学術的価値と地域社会の理解

『局報』を活用した場合，どのような研究が可能なのだろうか．局報の記載内容を簡易的に整理したものが表12-1である．運転関係，営業関係，技術関係など，生活史・観光史・産業史・軍事史・経営史・技術史など，実に多くの分野の研究に関係する情報が記載されている．

特に強調したい点は，『局報』が「鉄道そのものに関心をもつ研究者」の貴重資料ではないことである．これについては説明を要するだろう．

地域社会にまつわる問題は数多くあり，筆者が専門とする社会学においては，人口減少や少子高齢化，産業の衰退などが研究されてきた［山本編 2022］．社会学における地域に対する関心は，自治体としての地域存続よりも，そこに住む人々の生活にある．地域住民や行政，民間企業などが工夫をしながら，そこに住む人々が望む社会活動を続けられることが「理想」という考え方に近いだろう．都市部で生まれ育った読者はこうした発想に違和感を持つかもしれないが，過疎が進んだ地域であっても，歴史的に遡れば「そこに人々が集まる理由があった」のである．

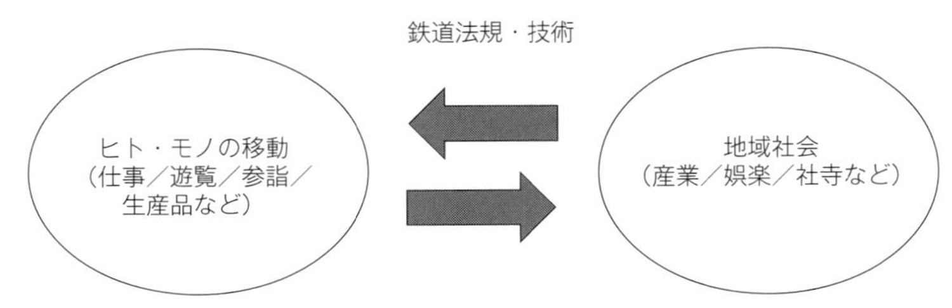

図12-1　鉄道が生んだヒト・モノの移動と地域社会の変化の概念図

（出所）筆者作成.

では，人が減るという地域社会の問題はなぜ生じるのだろうか．地域社会学の定説となっている考えは，かつては人が集まる必然性があったが，交通や技術や経済や政治のあり方，あるいは「ヒト・モノ・カネ」の流れが変わったからというものである［山下 2012］．海運の拠点として発展した大隅半島突端の鹿児島県佐多町が自動車や鉄道といった近代交通の発達とともに人々が集まる理由がなくなってしまったように，いま人口が減っている地域は，かつては人が集まる理由があったが，いまではその理由がなくなってしまった地域であることが多い．

こうした視点に立つと『局報』の学術的な資料価値はより鮮明となる．野村康が整理した社会科学の考え方に批判的実在論というものがある［野村 2017］．社会科学には，人々の行為や認識を規定する社会があるという社会実在論と，人々の行為や認識こそが社会をつくるという社会唯名論という基本的な考え方があるが，批判的実在論はこれらを応用したものである．端的に述べるならば，社会には目に見えない社会構造があり，社会の枠組みに沿った形で人々の社会活動（考えや行動）が行われつつ，社会活動が社会の枠組みを変え続けているというものである．この考え方を参考にすると，明治期以降に発達した国鉄という広域鉄道網は，「ヒト・モノの移動」と「地域社会」の変化を促した「社会の枠組み」と考えることができるのである．

少しだけ説明を具体化しよう．冷蔵・冷凍技術がない時代では，生鮮食品を遠くの地域で売ること難しく，地元の人かその土地を訪れる人しか口にする機会がなかった．そして大量輸送手段が限られる時代では，商品の流通範囲も現在よりも格段に狭かった．鹿児島や宮崎で早朝採れたものが福岡でその日のうちで食べられるということも，近代交通の発展以前にはほとんど不可能だった．

九州地方の広い範囲を結ぶ鉄道網の整備と輸送技術の発達は，経済史家のカール・ポラニーを参考にするならば，地域に根ざした市場の形を変えて，より広域の市場を形成する一方，人の移動を活性化したと考えられるのである［Polanyi 2001］．鉄道法規・技術という「社会の枠組み」が変わるにつれて，地域社会のあり方そのものが変化してきたと考えられるのである．もっとも，ここまでの説明は仮説でしかない．未公開資料を使った研究を進めることで，今後実証的に明らかになるだろう．

2　デジタル化プロジェクト

デジタル・アーカイブとは，広義の意味では，文書に限定せず価値ある文化的，学術的資源をデジタル形式で残すことである［杉本 2011］．紙媒体の資料をデジタル形式で残すことを前提に撮影することを，本章ではデジタル化と呼ぶ．

1　資料保存とデジタル化の基本発想

JR 九州より開示された資料は，印刷技術が普及して製造された大量生産可能な酸性の紙を使用している．近代以前の和紙でつくられた紙と異なり，酸性紙は時間とともに触れただけで砕けてしまう[5)]．**写真12-1** のように，段ボールに保管されていた資料群は傷みが進んでおり閲覧に耐えられる状態になかった．そこで JR 九州に許可をとり貴重資料のデジタル化の道を模索した．

歴史学をはじめとする人文社会科学分野において，資料撮影手法の共通見識は管見の範囲では見当たらなかった［国立国会図書館関西館電子図書館課編 2017］．近世文書のデジタル撮影を行う複数の研究者から話を聞いたが，各研究者ないし研究室の独自の方法で文書資料を撮影していた．そして通常はデジタルカメラと三脚，照明，ガラス文鎮を用いたものとなっている．

実のところ，こうした撮影方法は研究者の個人利用の面では十分だが，資料内容の永久保存という面ではあまり適切ではない．近年国立国会図書館が資料デジタル化に力を入れているのはよく知られている［国立国会図書館 2022：6-15］．2020年の補正予算を受け2021年から図書約30万点のデジタル化を行った．そこでのデジタル化は紙の図書が汚損・破損しても恒久的に内容を読むことができる質を担保したものとなっている．本プロジェクトのデジタル化において

写真12-1　作業室書棚の局報群

（出所）九州産業大学.

も同様に，後世の閲覧に耐えうる質での撮影を試みた.

2　プロジェクトの概要

本プロジェクトでは，立命館大学アート・リサーチ・センターの赤間亮教授の技術指導を受け，将来的なデジタル・アーカイブ化を念頭に置いたデジタル撮影を行った．デジタル化の対象となる局報には，1冊あたり1000頁を超える広辞苑のような厚さと折込資料が多い特徴があり，冊数も相当数あることから，効率的かつ精度の高い方法を採用した．プロジェクトの立ち上げにおいては，当時在学生だった野見山桜氏，屋比久千織氏，山元茜氏，園田理子氏が中心となり，筆者とともに試行錯誤してくれた．以下，本プロジェクトの3つの行程について説明する.

（1）撮影

撮影の際は外部からの光を遮るために暗幕で四方と上方を覆い暗室をつくった．四方向からのLEDライトの光源のみを使い，資料の上にガラス板を乗せて撮影した．使用機材はミラーレスカメラと単焦点レンズ，LPLコピースタンド（資料の上方から撮影するため），3D雲台，ゴム紐を張った撮影台，LEDライト，ノートPC，テザー撮影用ソフト，ディスプレイである.

この撮影装置の特徴は撮影台にあり，ヨット紐等のゴム紐を張り，その上に白い画用紙を置いていることにある．基本原理は国立国会図書館のデジタル化

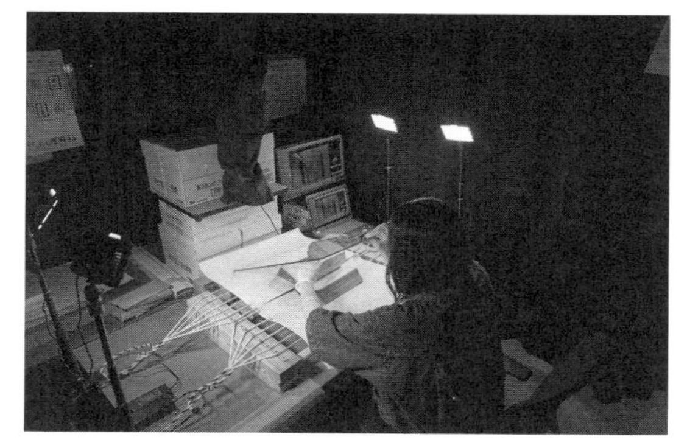

写真12-2　撮影の様子

（出所）九州産業大学．

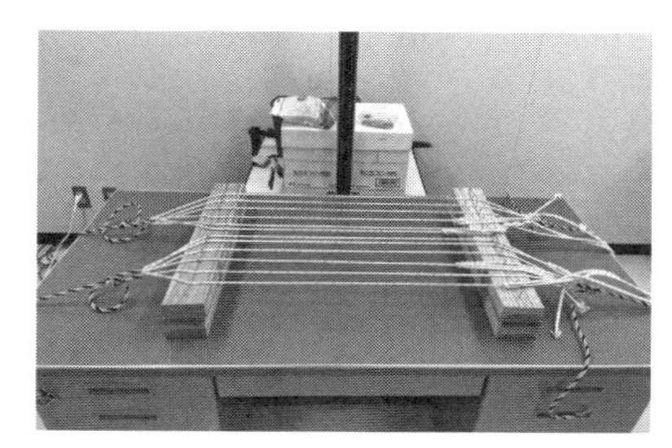

写真12-3　撮影装置の詳細

（出所）左：九州産業大学．右：筆者撮影．

事業で導入中のブックスキャナーCopiBook OS A2 Professionalと同じである[6]．資料の内容を余すことなく撮影するには，資料の厚みにどう対応するか，具体的にはカメラと見開き資料をいかに水平に保つかが重要になる．厚みがある資料であればあるほど見開き状態の水平が維持しにくい．この装置ではゴム紐のテンションを調整することで，資料の上にガラス板を置いた場合に資料全体が沈み，一度ずつ高さ調整をしなくとも水平を取りやすくなっている．また資料を90度回転して撮影台に置くことで，ガラス板を片手で持ち上げながらページを捲ることを可能としている．ちなみにシャッターは，テザー撮影用ソフトの「撮影ショートカットキー」を割り当てたテンキーを足下に置き，足元で切るようにしている．これにより両手が空きガラス板も安全に使うことができる．

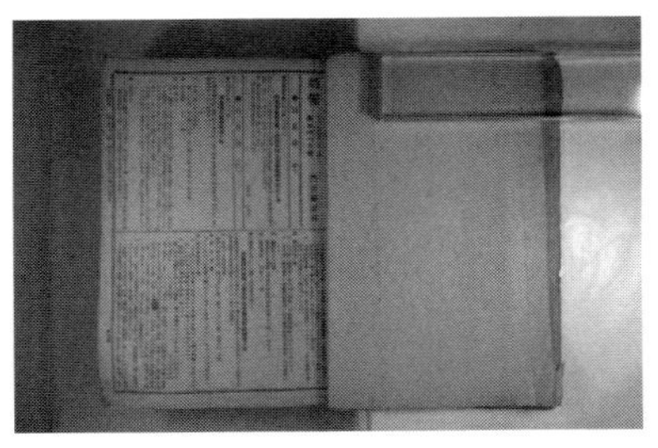
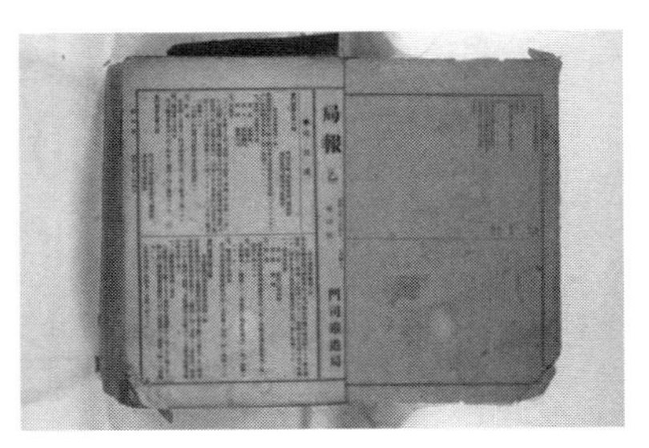

写真12−4　撮影方法と画像の違い（左・従来の撮影，右・本プロジェクトの撮影）

（出所）筆者撮影．

資料を90度回転させる理由は，効率的な撮影を可能とする他に，見開き中心部分の影をつくらないようにするためである．**写真12−4**にあるように，従来の歴史学の資料撮影をする方法では撮影者の正面に資料を置き，側面から照明を当てるため影ができてしまうが，本プロジェクトの装置では資料を90度回転させて四方からLEDライトを当てるため，不自然な影ができず，ガラス板を使用しても反射しないのである．

（2）画像確認・再撮影

資料のデジタル撮影には，「撮影」と「画像確認」，「再撮影」の３つの作業がある．本プロジェクトでは，資料１冊ごとにフォルダを作成し，撮影データは無線HDD（NAS）に保存するようにし，撮影と同時ないし撮影後に画像確認をできるようにしている．本撮影装置は１分間に６枚以上と効率的に撮影できる一方，撮影漏れや焦点が合っていないもの，手などが写り込むものも出てくるデメリットもある．画像確認・再撮影の作業はこうしたミスを洗い出す，資料のデジタル保存を進める上で重要な行程である．複数名の学生の協力で作業を進める際は，画像確認基準を明確かつわかりやすくすることが重要である．

画像確認・再撮影を繰りかえすことで，フォルダ内のファイルを入れ替える必要が生じる．その際には，１度目の撮影の際に作成したフォルダは必ず残し，フォルダごと複製して撮影ミスのファイル等を削除，入れ替えることを推奨する．一度ずつ資料のページ順番ごとにファイルを並べ替えると時間がかかるため，「moji-s03-001（１）」等の名前をつけ，最後に一括でリネーム（ファイル名を付け直す）した方がよい．

（3）データ処理

永久保存のための資料デジタル化では，基本的に非圧縮未加工の「RAW ファイル」で撮影し，その後に jpg といった閲覧しやすい拡張子を複製する．デジタル・アーカイブ接続の際はサーバー容量の関係で RAW ファイルをアップロードすることはできないからである．上記のリネームはこの時に同時に行う方が効率的である．デジタル・アーカイブ接続については，利用機関で独自のプロセスがあるため，それに従うことを推奨する．

3　プロジェクト・マネジメント

プロジェクトを進めるには，人材の確保ならびに人件費を捻出する予算の確保が必須となる．本プロジェクトは優秀な人材に恵まれ，立ち上げから上記のすべての模索を学生たちと行った．プロジェクトの3つの工程は文章にするとシンプルだが，作業の理解と習得には時間を要する．プロジェクトが軌道に乗るまではコアメンバーとなる学生・院生の協力が不可欠である．

（1）人材育成

人材育成方法についても学生たちと考案・改良した．複数年でプロジェクトを進める必要があることから，学年ごとにコアメンバーを選出し，プロジェクトの進捗や改善点を共有し，定期的に議論した．これにより，コアメンバーが卒業しプロジェクトの全体像をわかる学生がいなくなり，プロジェクトが機能しなくなることを防ぐことができる．大量の資料のデジタル化を進めるには人

プロジェクト全体を把握するコアメンバーの育成	・学年ごとにコアメンバー選出（複数年プロジェクト） ・毎月の目標を定期的に話し合い，問題が生じた際は共有
コアメンバーよる新規メンバーの指導	・コアメンバー学生が「撮影／画像確認マニュアル」等を作成 ・新規メンバーが慣れるまでコアメンバー学生が指導 ・プロジェクトの進行速度は落ちるが，長期の場合は必須

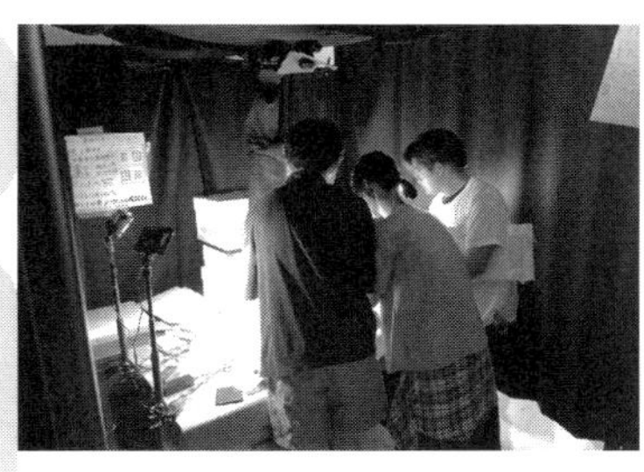

写真12-5　人材育成の要点

（出所）筆者撮影．

手を要するため，定期的に新メンバーを加え，小林沙亜也氏，伊藤拓海氏，坂口智氏らコアメンバーが新メンバーを指導する体制をとった．

（2）情報共有の方法

一部の学生に負担が偏ることをさけるため，どのメンバーが参加してもプロジェクトが進むよう作業マニュアルを作成した．前述の3つの行程すべてのマニュアルをコアメンバーの学生が作成し，適宜アップデートした．一方で，累計20名以上の学生がかかわるプロジェクトであるため，作業進捗の共有方法が問題となった．就職活動や大学の課題等で1週間に1度しか作業できない学生がスムーズに取り組めるよう，連絡ノートとLINE連絡で情報共有を図った．ノートによる作業進捗の伝達はアナログ的な手法だが，手早く作業を振り返ることができるため，結果的に作業ミスを減らすことができた．

おわりに

本章は国鉄門司鉄道局『局報』の発掘とデジタル化のプロジェクトについて紹介した．200冊を超える未公開貴重資料の発掘は頻繁にあるものではなく，その貴重資料のデジタル化を九州産業大学で進められたことの学術的意義は小さくない．将来的なデジタル・アーカイブ化を目指しているが，この資料群は後世に残る可能性が高いだろう．

過去の資料のデジタル化は今後益々注目されていくだろう．資料のデジタル化は，閲覧，検索における利便性だけでなく，障害者を含むあらゆる人々の利用可能性も向上するからである．本プロジェクトに関しても，実践内容を知りたいと多方面から問い合わせがあり，本学学生が東京大学大学院の博士課程院生に撮影方法を教える機会もあった．2023年8月には北九州市立大学の図書館関係者に対して講演も行った．本章が地域資料のデジタル化を進める上で貢献できる点があれば幸いである．

付記

本研究は，科研費・研究課題21H03722「伊勢参宮ツーリズムの近代史に関する学際的研究」（代表・平山昇），20K20085「近代日本における宿泊旅行の量的拡大に関する歴史社会学研究―昭和戦前期を中心に―」，立命館大学アート・リサーチ・センター国際共同研究課題〔研究費配分型〕「国鉄文書デジタルデータの活用に向けた基礎研究：国鉄門司鉄道局の『局報』を中心に」，九州産業大学 KSU 基盤研究の助成を受けている．本章はその成果の一部である．

注

1）達とは，鉄道業務に関して，法令に定められた職務権限の範囲内において鉄道総裁，鉄道大臣，鉄道局長，地方部長などが下級官庁または部下従業員に発する命令のことである．

2）九州帝国鉄道管理局は後に鉄道院九州鉄道管理局，鉄道省門司鉄道管理局，鉄道省門司鉄道局と名称を変更するが一貫して国有の鉄道であることから，「国鉄門司鉄道局」と記述を統一する．

3）こうした資料の位置づけは，共同研究者の本学商学部草野真樹先生の調査によって明らかとなった．この詳細は草野先生の研究成果を待たれたい．

4）戦後の東京鉄道管理局報は鉄道博物館（1951～1980年代），大阪鉄道管理局報は過去に交通科学博物館（閉館）で管理していた．

5）国立国会図書館「国立国会図書館と資料保存」(https://www.ndl.go.jp/jp/preservation/pdf/preservation.pdf，2024年２月19日閲覧)．

6）株式会社ムサシ(https://www.musashinet.co.jp/department/info/book-scanner.html，2024年２月19日閲覧)．

参考文献

国立国会図書館関西館電子図書館課編［2017］『国立国会図書館資料デジタル化の手引き 2017年版』国立国会図書館．

国立国会図書館［2022］「大公開！　国立国会図書館での資料のデジタル化事業」『国立国会図書館月報』733．

杉本重雄［2011］「デジタルアーカイブへの期待と課題――コミュニティの違いを越えた知的資源の保存に向けて――」『アーカイブズ』45．

野村康［2017］『社会科学の考え方―認識論，リサーチ・デザイン，手法―』名古屋大学出版会．

Polanyi, K.［2001］*The Great Transformation: The Political and Economic Origins of Our Time*, 2nd ed. Boston: Beacon Press（野口建彦・栖原学訳『新訳 大転換――市場社会の形成と崩壊――』東洋経済，2009年）．

山下祐介［2012］『限界集落の真実――過疎の村は消えるか？――』筑摩書店（筑摩新書）．

山本努編［2022］『よくわかる地域社会学』ミネルヴァ書房．

第13章

古文書調査による地域文化の実践的研究

はじめに

本章では，日本史研究における文献史学の立場から，地域文化を再発見する実践を紹介したい．地域の歴史を伝える主たる文献は古文書である．古文書の伝来状況を調査し，その内訳を精査することで，地域の江戸時代から明治時代の歴史を考察する．

江戸時代には庄屋や寺社が村の運営に深く関わっており，古文書や絵図が行政文書として使用されていた．村が藩の支配下にあることは自明であるが，村請という徴税方法であったり，入会地という共同利用地や村掟（村法）の存在であったり，個人が強調される現代に比べ，自治的といってもよい性格を一定の割合で村は備えていた．そのため庄屋の伝来史料が一括して残されていた場合，当時の村運営を見渡すことができる．かつて庄屋を務めていた個人宅の蔵を調査した際,図書館の十進法分類のほぼ全体にわたる分野の書籍が出て来て，その教養の広さに驚いたことがある．それほど村運営に広く関わっていたのが庄屋であった．近年，近世史研究において村の知識人や蔵書に着目した研究がみられことも［塚田 1993；東 2016；冨善 2017］，村の実像の豊かさを示唆しており注目される．

このように近世の村社会を見つめていると，村には秩序があり，地域コミュニティが確立している．それが明治時代を迎えると，近代化の中で地域は一変する．押し寄せる波に地域はどのように対応したのか，これもまた地域を考える上で興味深い問題である．すなわち江戸時代から明治時代にかけての村の歴史を実証的に考えることは，変動著しい現代の地域のあり方をめぐる課題と通じるテーマといえるであろう．

したがって，本章の考察は，近世の村のしくみを新たに指摘したり，従来の見解に修正を迫ったりするものではない．地域の現状とこれからを考えるために，地域の履歴書である古文書に学ぶという，「地域学としての歴史学」を目指すものである．そのためには現地を訪れ，現状を観察・調査・記録することも重要である．実践的研究と称する所以である．

1 中尾文書にみる唐原村

1　中尾文書とは

中尾文書は裏粕屋郡下原村（現在の福岡市東区下原）で代々庄屋を務めた中尾家に伝来した文書群である．現在は九州歴史資料館に所蔵される．それとは別に内容的に関係の深い下原村文書が福岡市総合図書館に所蔵される．すでに目録も刊行され，それぞれ全貌を把握することができる[1)]．

下原村と隣の唐原村（同区唐原）の関係は，独立して庄屋が立てられる一方，下原村庄屋が兼任する場合もみられる［三角 2011］．すなわち唐原村が時期によって下原村の枝村であったということであり，明治はじめに編纂された『福岡県地理全誌』所収「唐原村」の項にも「初ハ下原村ノ属村ナリ」と記す[2)]．これから紹介する文書に，唐原村の内訳が記されるのも，両村の近しい関係を示しているのであろう．

2　村における戸口調査

「裏粕屋郡唐原村宗旨御改帳」（中尾文書238）という一冊の古文書が伝来する．宗旨改帳とは，寺院が檀家の家族構成を列記し，自らの宗派に属することを証明した冊子のことである．表紙には「禅宗」とのみ記すが，本文中に「宗勝寺」と明記し，その檀家を記す．宗勝寺は現在も下原五丁目にある寺院で，宗派は曹洞宗，正式名称を昌光山宗勝寺という．寺院名は小早川隆景の重臣であった浦宗勝が再興したことに由来し，宗勝夫妻の墓所が背後の山中にある．『筑前国続風土記』にその由来，『筑前国続風土記附録』には寺院の挿絵も描かれており，この地域を代表する名刹である[3)]．その檀家は唐原村にも及んでいたことがわかる．

宗旨改帳作成の経緯は，冊子冒頭に「元治二年三月久田七之丞殿・小野三六殿為御奉行切支丹宗門御改被成ニ付，村中僧俗・男女・産子ニ至迄，不残帳面ニ書載，面々宗旨并歳各書附，旦那寺之證拠判形致させ上申帳之事.」と記す

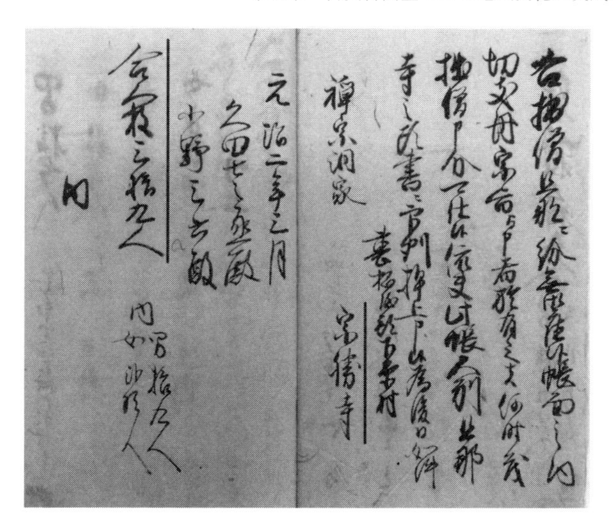

資料13-1　宗旨改の報告.「宗勝寺」「合人数三拾九人」とみえる（傍線部）

（出所）「裏粕屋郡唐原村宗旨改帳」より.

ように，元治２年（1865）のキリシタン存否確認の命令に対し，皆無であることを証明するためであった．続いて家族構成および１人ずつに性別・年齢が記される．その上で，「右拙僧旦那ニ紛無御座候.」という宗勝寺からの証言と，最終的に男19人・女20人の計39人という集計結果が記される（資料13-1）．このように現在の戸籍としての内訳も，この冊子は備えているのである．他宗派も含め伝来する宗旨改帳をすべて調査することで，下原・唐原両村の幕末期における人口調査も可能であるといえよう．

差出として最後に「唐原村庄屋弥七郎・同（組頭カ）太平・同作次郎・同半四郎」とあり，村役人の仕事であったことがわかる．江戸時代にキリスト教が禁制であったことは周知のとおりであるが，それはこのような通達のくり返しによって維持されてきた．それにともなって村役人や寺社による村民一人ひとりを対象とした営みが続けられてきたのである．

3　玄界灘の沿岸海上交通

次に「裏粕屋郡唐原村庄屋・組頭乍恐御願申上候口上候事」という，やや長い事書（標題）の文書（中尾文書730）をみてみたい．年紀は慶応２年（1866）10

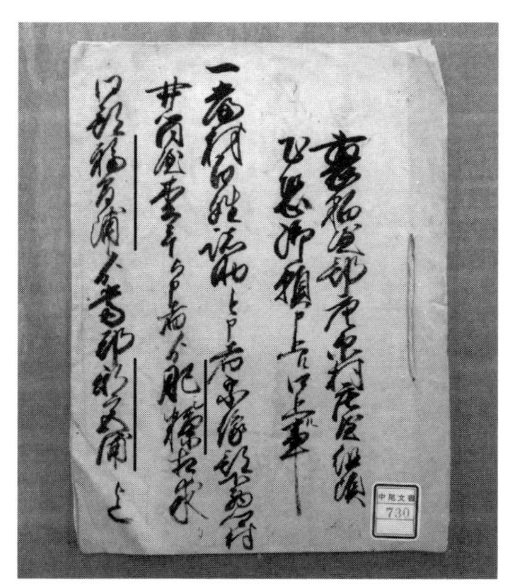

資料13-２　海上輸送に関する申請.「肥シ糠」「福間浦」「新宮浦」とみえる（傍線部）

（出所）「裏粕屋郡唐原村庄屋・組頭乍恐御願申上候口上候事」より.

月，差出は「唐原村組頭兵次郎・同作次郎・同太平・同村庄屋弥七郎」という村役人の連名であり，充所は表粕屋・裏粕屋・宗像の３郡を管轄する「両粕屋・宗像御郡御役所」である.

その内容は，唐原村百姓諸助が，宗像郡下西郷村井筒屋杢平より大量（120俵）に購入した「肥シ糠」の運搬に際し，福間浦から新宮浦まで船で運送することを申請したものである（資料13-２）.

糠は江戸時代に商品作物栽培のために流通した金肥，すなわち売買によって入手する肥料の一つとして知られ，唐原村でも使用されていたことがわかる.

また，鉄道や車が普及する以前の社会では，水上交通が物資輸送において大きな役割を果たしていた．この地域には唐津街道が通っており陸上交通路にも恵まれているのであるが，大量な物資運搬には水上交通が選ばれたのであろう．港から港へと渡る沿岸海上交通はそのための重要な手段であった.

両浦には福間漁港・新宮漁港として現在も港が存在する．「漁港」と言ってしまうと漁船が停泊する，沖合に向けた漁業のイメージで捉えがちであるが，かつて沿岸海上交通の拠点として，物資や情報が往き来していた状況を想定する必要がある．「浦」が海運業や商工業の拠点として，地域間のつながりを構成する役割を担っていたのである[4)]．

4　唐原村の旧道

残念ながら現在のところ，唐原村の範囲を示す古文書や絵図は見つかっていない．ただし，現地調査によって，その範囲を特定することができたので，現状の成果として紹介しておきたい．注目するのは地元の神社祭礼である．

唐原１丁目に鎮座する須賀神社では，毎年７月に祇園祭が行われ，この地区の鎮守社として大切にされている．祇園信仰の社はかつて「祇園社」などと呼ばれていた．それが明治初期の神仏分離政策によって，須賀神社や地域の字名に基づく社名に変更された．京都の祇園祭で有名な「八坂神社」が地名で称されるのもその一例である．唐原の須賀神社も明治時代に改称され今に至るが，境内の鳥居額や山笠の幟には「祇園宮」と記されており，現在も旧名を確認することができる．

祇園祭では山笠が一基登場する．山ゆすりや博多祝い歌，一本締めなど，博多祇園山笠の特徴が随所にみられる，いわゆる「博多うつし」の山笠である[5)]．住宅街のなか，いかにも旧家らしい前庭の広い家並みを左右に見つつ一本道を歩いていくと，狭い道からさっと開けた感じで神社が視界に入ってくる．道筋には宝暦11（1761）年の年紀をもつ猿田彦大神を祀った石碑もみられた．ここが旧道である証である．祇園祭の山笠は白法被の男性たちに舁かれ，この細い一本道の約300メートルを３往復する．折り返し点には斎竹が電柱に結ばれ注連縄が張られており，この区間が祭礼地域であることを示している．祭礼時の聞き取りによると，昔はこの道の左右にのみ家並みがあり，周囲には田畑が広がっていたという[6)]．

道幅は５メートル弱．それも側溝に蓋をして暗渠にしているからであり，それがなければもっと狭い（**写真13-1**）．住民の車が１台通れば，離合もままならない細い道であるが，車社会でない時代には，村のメインストリートはこの程度の道幅である．直線でなく，なだらかに高低差もあり，山を舁く男性にはちょっとした難所である．いかにも旧道らしい雰囲気のある道であり，現在は住宅やマンションが建ち並び，唐原７丁目にまで拡大した唐原地区において，江戸時代の風情が残された場所といえよう．

写真13-1　唐原1丁目の旧道.

（出所）筆者撮影.

2 『八所大明神御縁起』にみる吉武地区

1　八所宮について

八所宮（八所神社）は宗像市吉武に鎮座する，この地域を代表する古社である．『太宰管内志』に「近辺十村の産沙神なれば，此郡にしては宗像神社に継げる大社なり．」と紹介する[7]．すでに室町時代の応永5（1398）年に寄進された鐘にも，「日本国西海道 筑前州宗像郡 赤間庄鎮主 八所大明神 社頭洪鐘也」と記されている[8]．この鐘は豊臣秀吉が九州征伐の帰りに戦利品として持ち帰り，帰途に厳島神社に寄進したため，現在は宮島（広島県廿日市市宮島町）にある千畳閣の軒下に吊られ，広島県指定文化財として伝来している[9]．

吉武地区には，江戸時代に唐津街道の赤間宿と長崎街道の木屋瀬宿を結ぶ唐津街道中筋往還が通り，陸上交通の要衝であった．鐘が秀吉の目にとまったのも，皮肉なことに当時から往来があったためであろう．また，福岡藩・唐津藩などの大名行列も通ったこの地区には，「古式大名行列」と称し，全国的にいうところの奴振りが，秋季例大祭（おくんち）の神幸列に参加している．鉄砲，白羽熊，挟箱，草履などを捧持した少年・青年が演舞しつつ参列する．この神幸列を含む秋季例大祭の神幸行事は，2018年に宗像市の市指定無形民俗文化財に指定されている．

神社には，その由緒を天和３（1683）年にまとめた『八所大明神御縁起』と題する巻子が伝わる．もとは上下２巻であったものを，現在は１巻に仕立て直している．江戸中後期には，各地の寺社でその歴史をまとめた由緒書が作られた．八所宮のものは，京都の吉田定俊[10]に依頼して作成されたことが奥書より知られ，上巻に神代，下巻に地域伝承をまとめている．吉田定俊という人物は，他にも筑前地方の古刹の由緒書を作成しており[11]，この時期に京都に上って由緒を作成依頼することが流行していたと窺える．

上巻の内容はいかにも吉田神道（唯一神道）らしく，神・仏・儒のそれぞれの教えを説きつつ神道の偉大さを物語る．下巻は一転してさまざまな地域伝承が語られる．寛永・元禄といった年紀も散見するなど，具体的であり史実性の高い伝承と考えられる．本節ではその中から，この地域を考える上で重要な逸話を紹介したい．

2　『八所大明神御縁起』にみる地域の歴史

（1）地域伝承

神社の鎮座する吉留村（明治期に武丸村と合併し吉武村となる．現在の宗像市吉武）では，寛永年間（1624～43年）に黄金を産する評判が立ったことにより「他邦の人来り集る．或ハ田圃をほり，或は山岩を穿つ」こととなった．その中で播磨から来た人が，老親を養うためとして八所宮に祈願し掘る場所を請い望んだところ，「黄金を汝に授く．当に某地をほるへし」と夢告により鉱脈を教示され，めでたく掘り当てたという．

神仏のお告げを夢中で得ることで将来の展望が開けたという，典型的な夢信仰譚である［江口 1987］．吉留村に金鉱が存在するのか定かではないが，江戸後期に由来し，近代以降に採掘が盛んとなる鉱山が吉武の北西地域で知られている[12]．よって，この逸話も荒唐無稽とは言い難く，むしろ関連する鉱脈を示唆する伝承とも考えられる．

（2）地域信仰圏

他地域からの信者もあり賑わった吉留村であったが，同じく寛永年間のこと，八所宮への村人の信心が疎かになった．怒った八所明神は「こゝを以今将に去なん」と巫女に託宣し，古老の夢中に「憤怒の相を現して」，赤馬に乗って志賀嶋志賀神社（福岡市東区志賀島，現在は志賀海神社）に遷ることを告げた．翌朝村人が神社に駆けつけると，本殿の扉が開いていた．慌てた村人は「祈願をなし」，還御に備えて境内を整備した上で，志賀神社に出向いて神職と面会する．神職もまた志賀大明神から夢中にて，「客の神八所来れり．珍膳を饗さん事を欲す．」と告げられていたという．すべてを察した村人は，あらためて「神楽を奏し，敬礼再拝して神を迎えて帰」り，八所明神の無事還御を得たという．これもまた神仏をめぐる夢信仰をふまえた逸話である．

ここで注目したいのは，遷座先が志賀島の志賀海神社という点である．八所宮の秋季例大祭（おくんち）の御旅所は釣川沿いにあり，御旅所神事のお汐井取りも釣川で行う．その釣川を下ったところにあるのが宗像大社辺津宮である．地理的なつながりでいえば，宗像信仰圏に入る．

ところが，この時は志賀島に遷り，一方の志賀大明神も客神として快く受け入れている．世界遺産に指定されたことで宗像一族の存在が注目されているが，志賀海神社も阿曇一族によって祀られてきた古い由緒をもつ，海にまつわる古社である[13]．重層的な信仰圏の広がりが福岡東部にみられることを示す逸話でもあるのである．

（3）旧暦と祭礼

「当宮の祭礼むかしより厳重なり．所謂年中行事の祭そこはかなり．」として，八所宮の年中行事が語られる．祭礼の歴史は当時者間の口伝であることが多いため，こうして当事者の立場から年中行事全体を記した史料は貴重である．その中で秋季例大祭（おくんち）の記録に注目したい．

かつての秋季例大祭は，９月15日～18日まで３日間「休所」に滞在し，厳重に斎行された神幸行列は威厳を極め，人々を「畏敬感動」させたという．

現在10月第３土日に行われる秋季例大祭（おくんち）の神幸行列に関する記録である．休所とは御旅所のことであり，現在は午前０時をはさむ数時間滞在し祭典が行われるが，昔は３日間であったことがわかる．

神幸行列の厳粛な雰囲気は，現在もみることができる．それには行列組の「型」

を伴う独特の演舞が大きく寄与している．奴振りは全国の祭礼にみられるものであるが，「古式大名行列」と称する八所宮の奴振りは，拍子木の音と「エーイ，エーイ」という青年の掛け声の響く中，型を重視した，ゆったりとした動作で，神幸行列への奉仕に徹している．現在のこうした光景が，他地域に比して独自であることに加え，歴史的にも地域の伝統といえることわかる．『八所大明神御縁起』の祭礼記事は，文化財指定において重要な判断材料ともなった.[14)]

一方，変化したものに祭礼日の問題がある．かつては９月15日であったというのは，旧暦のもとでの日付である．明治政府の政策により，明治５（1872）年末にそれまでの旧暦（太陰太陽暦）から新暦（太陽暦）に変更することによって，１カ月のずれが全国的に生じることになった［岡田1994］．そうすると，年中行事は暦の上での式日を維持する，もしくは１カ月ずらす選択を迫られることになる．問題はそう簡単なことではない．前者を維持しようとすると，１カ月早く実施することになるので，疫病退散を願う祇園祭や収穫を祝う「おくんち」などの季節行事は，実態と合わなくなってしまうからである．そのため後者を選択すると，６月の行事が７月に，９月の行事が10月に，暦の上でずれることとなる．式日変更は，祭礼の根底を覆される感覚をともないもしたであろう．明治初期の近代化政策は，生活レベルの日々の認識や地域文化の上にも大きな変化をもたらしたのである．

しかし，季節どおりの年中行事という点では，実は祭礼を守ったともいえる．歴史に照らして地域の伝統行事がこれからどうあるべきかを考えるときや，復活するなどの企画に際して，変更することが守ることになる事例として留意したい．

3　安部家文書にみる社家の動向

1　安部家文書と社家について

かつて多くの神社では，村の中の特定の家筋が宮司をはじめとする神職を世襲で務めていた．一軒の場合もあれば数軒で分担や持ち回りをしている場合もある．このような家筋を「社家」という．社家は神社の参道付近に家を構えていることが多く，その家並みが「社家町」を構成していることもある．八所宮においても，伊賀・安座上・野口・宮本・安部・古田の６家７軒が社家として役割分担し，神社を運営していた．それは祭礼調査に際しての聞き取りにおいても，人々にとってなお共有された地域の歴史であった．

ここで安部家文書について紹介したい．安部の名は宗像大社をはじめ，遠賀郡の高倉神社の社家においてもみられ[15]，おそらくつながりをもつ一族であろう．現在，新修宗像市史編纂室に寄贈されている安部家資料は，宗像大社の安部家のものであるが，その中に八所宮の社家である安部家の古文書が含まれていた．『八所宮御社格定目』『八所宮社格定目帳』の２冊である．前者の年紀は天明４（1784）年，筑前国内の神社を管轄していた桜井神社（糸島市志摩桜井）［糸島郡教育会 1927；広渡 1989a；1989b］の宮司宛に，年間行事の社家の分担を報告したものである．そこに前述の６家７軒が明記されている．後者は関連する内容の複数の古文書を仮綴じしたものである．その中から地域の歴史問題に絡む１通を取り上げることにしたい．

2　八所宮の鐘の行方

『八所宮社格定目帳』の中に「奉願口上覚」という１通の文書がある．年紀は明治３（1870）年，差出は八所宮社家６家の連名であり黒印が捺されている．充所は明治政府による新設の担当役所である．内容は八所宮に伝来する鐘の処遇をめぐる申請であった．

明治３～４年にかけて，明治政府の方針により全国の神社と寺院を区別することが命じられた．それをうけて各地域では，神社に伝わる仏教的要素（瓦葺の御堂，仏像，経典，梵鐘など）を境外に移動もしくは破却し，寺院から神社に転身することもみられた．神仏分離政策である．このことが勢い余って仏教を攻撃し，各地で寺院や仏像の破壊行為に及ぶ廃仏毀釈という流れを生じたことは知られているが，変革を求められこれまで伝えてきたものを失ったのは神社も同じであった［安丸 1979］．八所宮もまた例外ではなく，神仏分離による鐘の処遇を，この文書は記している．

八所宮には室町時代の応永５年に11箇村から寄進された鐘があったが，天正５（1587）年に豊臣秀吉により戦利品として持ち去られたことは前述のとおりである．そこで，正保年間(1644～48年)にあらためて鐘が寄進された．ただし，元禄７（1694）年に鐘楼が焼失してからは，鐘は宝蔵に納められていたという．撞かれることがなくなったとはいえ，神社の宝物であることにかわりはない．

ところが，社家と村役人は協議の上,「先般仏具取除之儀，御達被仰付候条，弥御不用之品ニ御座候．」と判断した．神仏分離政策を受け入れ，鐘を境内か

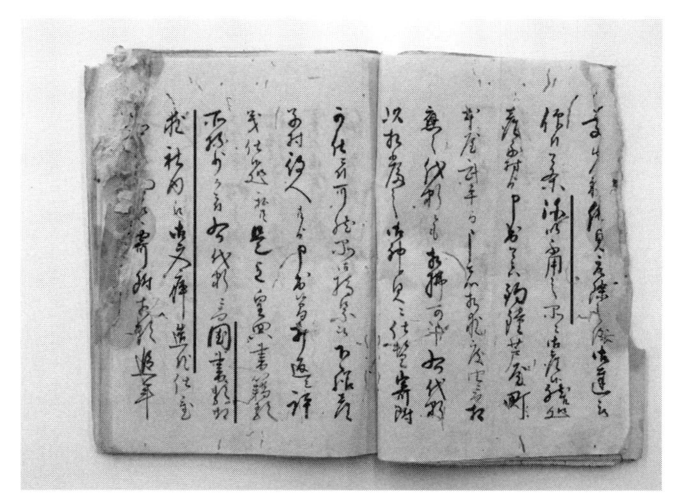

資料13-3　鐘の処遇に関する申請.「弥御不用之品」「国書類相求社内ニ御文庫造作」とみえる（傍線部）.
（出所）「奉願口上覚」より.

ら取り除くことに同意するのである．芦屋町の者から買得の希望が出されたので，「右代料以相当之御神具ニ仕替候.」と，その代金をもって神具を揃えることを希望する．それは「私共是迄皇典書籍類所持少クニ付，右代料ニ而国書類相求，社内江御文庫造作仕置」という具体的なところまで検討されていた（資料13-3）．寄進された鐘を希望者に売却し，その代金で国書を買い揃え文庫（図書館）をつくることは，神仏分離政策への恭順といってよい．明治維新による新政策は，社家という神社運営の担い手の意識をも変革し，地域の歴史を改変するほどの変動を，地域の人々の心にもたらしているのである．

本文書が伝えるのはここまでであり，その後のことは昭和59（1984）年10月，讀賣新聞掲載記事で知ることができる[16]．前述の売買は不調に終わったらしく，実際には鞍手郡在住の別の人物に米64俵で買得され，その菩提寺である真学寺（鞍手郡宮田町，現宮若市）に奉納された．しかし，昭和17（1942）年に軍からの供出命令を受け，嘆願書も空しく供出されるとそのまま失われたという．記事には供出に際し，関係者が鐘と一緒に撮影した写真も掲載される．その見出しは「2つの鐘の運命」「秀吉に奪われる／戦時供出」という．室町時代と江戸時代に寄進された鐘が，のちの戦争に絡んでいずれも持ち出される憂き目に遭った

宗像・八所宮

戦争が変えた2つの鐘の運命

秀吉に奪われる／戦時供出

〝里帰り〟受け平和訴え

豊臣秀吉に奪われ、広島県・厳島神社に奉納された宗像市吉留地区の八所宮のつり鐘が六日、四百年ぶりに同宮に里帰りするが、この鐘が同宮から持ち去られた後、住民の願いで「第二の鐘」が鋳造されていた。しかし、この鐘も他の寺に渡ったあと、戦時中に鋳つぶされて兵器に姿を変えた。それだけに、世の平安を切望した約六百年前の祖先が造った「第一の鐘」の持つ意味は重く、地元では「平和の鐘」として、広く反戦の願いを訴えていきたい、と言っている。

口伝によると、第一の鐘は、応永五年（一三九八）、旧赤馬十一か村の氏子たちが、平安への祈りを込めて奉納したが、天正十五年（一五八七）、九州出兵した秀吉が戦利品として持ち去り、約五十年後、再び氏子たちに鐘奉納の話が持ち上がった。当時、村人たちの生活は貧しく、その苦しさからの脱却を鐘に託そうとしたが先だつ金がない。困り果てた庄屋が、「食うものを食わずとも」と、悲壮な覚悟で役所へお願いに行く途中、道に落ちていたお金を見つけて、正保年間（一六四四—四八）に新たな鐘を造ったという。

この鐘の行方は、その後わからなくなり、地元では「幻の鐘」といわれていたけれども、昨春、福岡市早良区室見の古野マツヨさん(七四)の参拝がきっかけで、消息がわかった。

マツヨさんの夫、利秋さん(七五)の話によると、明治三年、廃仏棄釈の際、利秋さんの祖父の祖母にあたる古野ノエさん（当時鞍手郡在住）が、米四十六俵で引き取り、ぼだい寺の真学寺（同郡宮田町）に奉納した。しかし、戦時中の昭和十七年、軍から出された供出命令に、やむなく従った。

利秋さんが保管している、寺や檀家などが県知事にあて出そうとした供出免除の嘆願書には「品質音響等八郡内他ニ比類ナキ逸品」「正保元年、黒田藩主ヨリ寄進……」とあり、一族らは供出を前に鐘との別れを惜しんで、鐘とともに一族の記念写真まで撮っていた。

「黒田藩主の寄進」が、口伝では「庄屋が金を拾って」に変わっているが、「第二の鐘」の存在と、その悲しい運命は裏付けられた。

八所宮の二つの鐘の運命を、いずれも戦争が変えたわけだが、麻生正敏宮司は「戦いにほんろうされた二つの鐘の運命を、鐘が帰ってくるのを機に、氏子たちに語り継ぎたい。一度奪われた鐘が、小さなお宮の要求で戻ってくるのも、平和で民主主義の世の中だからこそです」と感慨深げに語っている。

地元では、六日午後五時、総出でモチまきをして「四百年目の再会」を祝うとともに、「平和の鐘」の音を打ち響かせる。

軍への供出を前に第２の鐘との別れを惜しんで記念写真を撮った古野さん一族ら

資料13-４　明治以降の鐘の行方を伝える記事．戦時供出に際しての記念写真を掲載する．

（出所）「讀賣新聞」昭和59年10月４日付．

史実を上手く捉えた見出しである．

ただし，２つの史実を前述した安部家文書と併せて考えてみると，秀吉によって鐘が持ち去られた一件について，別の見方ができるのではなかろうか．「奉願口上覚」によれば，江戸中期以降，鐘は宝蔵の中に納められ，その音色が吉留村に響くことはなく明治維新を迎える．そして，社家にとって「不用の品」と扱われるようになった．とするならば，秀吉が持ち去らなかったとしても，応永５（1398）年の鐘は，神仏分離に際して神社を去ることになったのではなかろうか．そして，福岡県内の地方寺院に買得されていたならば，それはやはり戦時供出を免れなかったのではなかろうか．すなわち秀吉によって厳島神社という大社に寄進されていたため，明治維新や戦時中の混乱を免れ，千畳閣に場を移すだけで済まされたと考えることもできよう．

宮島の鐘は昭和59（1984）年から平成25（2013）年まで，一時貸出という形で八所宮に里帰りしていた．困難を極めた交渉の末の里帰りであった．八所宮の関係者は本来返却を求めていたからである[17)]．鐘が安置されていた八所宮翼廊の一角には現在，鐘の写真と経緯を記したパネルのみが飾られている．吉武地区で聞き取りをしていると，今も憤懣やるかたなしという意見を聞く．宮島を訪ねると，千畳閣の軒下に説明板もなく鐘が吊られており，その気持ちもわからなくはない．

しかし，古文書に記された前述の事実に留意するならば，厳島神社に伝来したことが，鐘が今に伝わるうえで重要な意味をもつことも確かである．よって今後，鐘の所在をめぐり再交渉が行われる際には，もう少しお互いの歴史を尊重した話し合いができるのではなかろうか．吉武地区ではもう少し上手い対応があったのではないかという意見も聞かれた．これからをどう考えるか．古文書の伝える事実は，その一助になると考える．

おわりに

本章では九州産業大学のすぐ傍である旧下原・唐原両村地域と，筆者が文化財指定に関わって祭礼調査にあたった宗像市吉武地区を取り上げ，古文書調査を通じて知られる地域の歴史と文化を論じた．具体的には，地域に関わる際に留意すべき歴史文化——庄屋や寺社による村の運営，沿岸海上交通，旧道，地域伝承，地域信仰圏，旧暦，祭礼，社家，神仏分離——について紹介した．

地域における活動が一方的な価値観の押しつけにならないよう，地域が育んできた歴史文化を「地域の履歴」として知る姿勢が大切である．さらにいえば，現代生活の中で地域の人々も忘れてしまった履歴を，地域の魅力として再発見し提案する力を養いたい．地域の現状を歴史に照らして理解し，その上で未来を考える人材が，これからの地域に必要なのである．

注

1）九州歴史資料館ホームページ上の福岡県史編纂史料→所蔵史料目録→中尾文書において，計2482点の目録をPDFでみることができる（https://kyureki.jp/wp-content/up

loads/2021/03/kenshi_sources-list_nakao_mokuroku.pdf，2024年４月15日閲覧）．下原村文書については，『平成22年度古文書資料目録16』［2011］福岡市総合図書館文学文書課，所収「四，下原村文書」参照．

2）両村の歴史地理については，『福岡県史 近代史料編 福岡県地理全誌（一）』（福岡県，1988）所収『福岡県地理全誌』巻十九，粕屋郡之九，唐原村および巻二十二，粕屋郡之十二，下原村を参照．

3）『筑前国続風土記』巻之十九，糟屋郡裏に「宗勝寺［曹洞宗］」と立項し，小早川隆景の時代に寺領20石が寄進され，黒田長政入国の際も先例に任せ維持された旨が記される．『筑前国続風土記附録』巻之三十六，裏糟屋郡・上には「下原村［産神ハ香椎宮也］」と立項した中に，宗勝寺に関する同様の由緒と挿絵を描く．

4）『福間町史 通史編』（福間町，2000年）所収，第五編近世第三章福間浦（高田茂廣執筆担当）および『新宮町誌』（新宮町，1997年）所収，第一編新宮町の歴史第五章徳川時代の新宮浦（近世）（アラン・カルネ執筆担当）に，浦の自治組織や産業，生活について論じている．

5）福岡市文化財活性化実行委員会企画 DVD『博多うつしの山笠』（2015年）所収，「唐原の祇園山笠」参照．

6）陸地測量部による２万5000分の１地図（大正15年測図，昭和４年印刷）をみると，宅地は道の両側のみであり，周囲は田地であったことを確認することができる．

7）『太宰管内志』筑前之十三，宗像郡中ノ下，八所宮の項に，さらに「神官数家あり」として伊賀・宮本・安座上・野口家を取り上げ，後述する社家のことまで明記する．

8）特別展図録『芦屋町制百年記念 芦屋釜展』福岡県遠賀郡芦屋町教育委員会（1991年）に図版・解説を掲載する．芦屋釜として知られる中世芦屋で鋳造された数少ない現存する鐘として貴重な品である．

9）中世から戦国時代の鐘の掠奪・供出・移動については，落合［2021］参照．梵鐘を地域支配の象徴とみなして入手していた事例を紹介する．秀吉による八所宮の鐘の持ち去りも同様に考えられよう．

10）吉田定俊には『和歌職原抄』という著作もあり，今西祐一郎校注『和歌職原鈔―付，版本職原抄』（平凡社，2007年）の解題によれば，生没年は不詳．神道学関係の編著書がほかにもあり，江戸時代前期の神道家であるという．吉田神社宮司の家系に連なる人物であろう．

11）宗像市史編集委員会編［1999］所収，近世第４章第２節第４項「村落社会の民間信仰と宗教者たち」（瀬戸美都子執筆担当）によれば，鳥飼八幡宮・宝満宮・筑紫神社・美奈宜神社などの由緒書も編纂している．

12）宗像市史編集委員会編［1997］所収，自然第３章第７節「金属鉱山」（上野禎一執筆担当）に，河東鉱山・成清池野鉱山・三吉野鉱山を取り上げ，河東鉱山は黒田藩の御用金山として開発されたことを紹介する.

13）『筑前国続風土記』巻之五，那珂郡・上に，「志賀島［志賀明神祠］」と立項し，阿曇氏が祀ってきた古代からの神社の歴史を叙述する.

14）2018年９月28日付，宗像市教育委員会告示101号．指定名称は「八所宮神幸行事」.

15）『筑前国続風土記拾遺』巻之三十二，宗像郡・中，高倉神社の項に「外に社家五戸［安部氏・卜部氏・安高氏・小川氏・大村氏なり］.」と記す.

16）『讀賣新聞』昭和59年10月４日付記事．地元の人々にとってもその後の鐘の行方は不明であったが，後述する宮島からの一時貸出に際して八所宮の鐘の歴史が報道されると，供出時の持ち主の子孫から申し出があり，明らかとなった事実である.

17）八所宮奉齋会編『神鐘「平和の洪鐘」』（1986年）所収，「第一号洪鐘『里帰り』実現の経過」には，「返還」には至らなかった旨が，地元の人々の思いをこめて記されている.

参考文献

青柳種信編，広渡正利・福岡古文書を読む会校訂［1993］『筑前国続風土記拾遺』中巻，文献出版.

伊藤常足編［1908］『大宰管内志』上巻，日本歴史地理学会（のち1989年に文献出版より復刻）.

江口孝夫［1987］『日本古典文学 夢についての研究』風間書房.

岡田芳郎［1994］『明治改暦――「時」の文明開化――』大修館書店.

落合義明［2021］「中世梵鐘の移動」『日本歴史』880.

貝原益軒編・伊東尾四郎校訂［2001］『増補 筑前国続風土記』文献出版.

加藤一純・鷹取周成編，川添昭二・福岡古文書を読む会校訂［1977］『筑前国続風土記附録』中巻，文献出版.

宗像市史編集委員会編［1997］『宗像市史 通史編第１巻 自然・考古』宗像市.

――――［1999］『宗像市史 通史編第２巻 古代・中世・近世』宗像市.

塚田学編［1992］『日本の近世 第８巻 村の生活文化』中央公論社.

冨善一敏［2017］『近世村方文書の管理と筆耕――民間文書社会の担い手――』校倉書房.

東昇［2016］『近世の村と地域情報』吉川弘文館.

広渡正利［1989a］「浦氏と桜井役所 上」『西日本文化』254.

――――［1989b］「浦氏と桜井役所 下」『西日本文化』255.

福岡県糸島郡教育会編［1927］『糸島郡誌』糸島郡教育会（のち1972年に名著出版より復刻）.

三角範子［2011］「旧粕屋郡下原村の庄屋と文書について」『福岡市総合図書館研究紀要』11.

安丸良夫［1979］『神々の明治維新――神仏分離と廃仏毀釈――』岩波書店（岩波新書）.

日本列島地図資料研究会編，陸軍参謀本部陸地測量部作製［1995］『日本列島二万五千分の一地図集成』V，科学書院.

索　　引

〈サ　行〉

〈タ　行〉

〈ナ　行〉

《執筆者紹介》（掲載順，＊は編著者）

田代雅彦（タシロ　マサヒコ）［第１章担当］
九州大学大学院経済学府経済システム専攻博士後期課程単位取得退学．博士（経済学）．（公財）九州経済調査協会常務理事兼調査研究部長を経て，現在，九州産業大学地域共創学部観光学科教授．専門は観光地理学．著書は『九州観光学――九州の観光を読み解く――』（共著，晃洋書房，2018年）など．

山下永子（ヤマシタ　エイコ）［第２章担当］
熊本大学大学院社会文化科学研究科博士後期課程修了．博士（公共政策学）．Bond University, Business School, BBT Global Leadership Program 修了．MBA．（公財）福岡アジア都市研究所主任研究員などを経て，現在，九州産業大学地域共創学部地域づくり学科教授．専門は都市マーケティング．著書は『地方の国際政策――連携・ネットワーク戦略の展開――』（成文堂，2008年）．

髙山和幸（タカヤマ　カズユキ）［第３章担当］
九州大学大学院生物資源環境科学府博士後期課程単位取得退学．博士（農学）．全国農業協同組合連合会福岡県本部を経て，現在，九州産業大学地域共創学部地域づくり学科助教．専門は農業経済学．

行平真也（ユキヒラ　マサヤ）［第４章担当］
和歌山大学大学院システム工学研究科博士後期課程修了．博士（工学）．大分県庁，大島商船高等専門学校商船学科准教授を経て，現在，九州産業大学地域共創学部地域づくり学科准教授．専門は海上交通論（特に離島航路）．著書は「魚で，まちづくり！――大分県臼杵市が取り組んだ３年間の軌跡――」（海文堂出版，2017年）．

室岡祐司（ムロオカ　ユウジ）［第５章担当］
九州大学大学院経済学府産業マネジメント専攻修了．経営修士（専門職）．㈱JTB を経て，現在，九州産業大学地域共創学部観光学科准教授．専門は観光学（旅行業経営論）．著書は『１からの観光事業論』（共著，碩学舎，2016年）．

本田正明（ホンダ　マサアキ）［第６章担当］
九州大学大学院工学研究科都市環境システム工学専攻修了．修士（工学）．㈱よかネット，暮らしとなりわいづくり研究所（個人事業主）を経て，現在，九州産業大学地域共創学部観光学科准教授．専門は都市計画・観光まちづくり．著書は『川づくりを街づくりに』（共著，学芸出版社，2003年）．

＊大方優子（オオカタ　ユウコ）［第７章担当］
東京都立科学技術大学（現東京都立大学）大学院工学研究科博士後期課程単位取得満期退学．博士（学術）．現在，九州産業大学地域共創学部観光学科教授．専門は観光行動，マーケテイング．著書は『九州観光学――九州の観光を読み解く――』（共著，晃洋書房，2018年）など．

田代利恵（タシロ　リエ）［第８章担当］
龍谷大学大学院政策学研究科修士課程修了．修士（政策学）．大阪市役所，九州共立大学スポーツ学部スポーツ学科教授を経て，現在，九州産業大学地域共創学部地域づくり学科教授．専門は公共政策学，地域政策．

八鍬加容子（ヤクワ　カヨコ）［第９章担当］
京都大学大学院文学研究科博士後期課程修了．博士（文学）．有限会社ビッグイシュー日本編集部などを経て，現在，九州産業大学地域共創学部地域づくり学科講師．専門は社会学．

＊宗像　優（ムナカタ　マサル）［第10章担当］
専修大学大学院法学研究科博士後期課程修了．博士（法学）．現在，九州産業大学地域共創学部地域づくり学科教授．専門は政治学，行政学．著書は『九州地域学』（共編著，晃洋書房，2019年），『環境政治の展開』（編著，志學社，2016年），『21世紀の都市と都市圏』（共編著，九州大学出版会，2013年）など．

李　泰勲（リ　テフン）［第11章担当］
九州産業大学大学院国際文化研究科博士課程修了．博士（文学）．九州産業大学国際文化学部講師，准教授，同語学教育研究センター准教授を経て，現在，九州産業大学地域共創学部観光学科教授．専門は中世の日朝関係史．著書は『九州大学韓国研究センター叢書５　日韓の交流と共生――多様性の過去・現在・未来――』（共著，九州大学出版会，2022年）など．

菅沼明正（スガヌマ　アキマサ）［第12章担当］
慶應義塾大学大学院政策・メディア研究科博士課程単位取得満期退学．修士（政策・メディア）．現在，九州産業大学地域共創学部観光学科講師．専門は歴史社会学．主著は「紀元二六〇〇年における奈良県の『聖地』参拝者像」『交通史研究』（95巻，2019年）（第11回鉄道史学会住田奨励賞）など．

＊末松　剛（スエマツ　タケシ）［第13章担当］
九州大学大学院文学研究科博士課程修了．博士（文学）．九州大学文学部助手，京都造形芸術大学芸術学部歴史遺産学科准教授，九州産業大学国際文化学部日本文化学科准教授を経て，現在，同地域共創学部地域づくり学科教授．専門は日本史学．著書は『平安宮廷の儀礼文化』（吉川弘文館，2010年）など．

改訂版　九州地域学

2024年9月20日　初版第1刷発行

＊定価はカバーに
表示してあります

編著者　宗像　優
末松　剛©
大方優子
発行者　萩原淳平
印刷者　藤森英夫

発行所　株式会社　晃洋書房
〒615-0026　京都市右京区西院北矢掛町7番地
電話　075(312)0788番㈹
振替口座　01040-6-32280

装丁　宮澤新一（藤原印刷株式会社）　印刷・製本　亜細亜印刷㈱
ISBN978-4-7710-3866-0